Coleção
Emilio Salgari

1. SANDOKAN
2. A MULHER DO PIRATA
3. OS ESTRANGULADORES
4. OS DOIS RIVAIS
5. OS TIGRES DA MALÁSIA

OS ESTRANGULADORES

Coleção
Emilio Salgari

Vol. 3

Tradução e Revisão
Ana Andrade

VILLA RICA EDITORAS
Belo Horizonte
Rua São Geraldo, 53 - Floresta - CEP 30150-070 - Tel.: (31) 3212-4600
www.villarica.com.br — e-mail: vilaricaeditora@uol.com.br

Emilio Salgari

OS
ESTRANGULADORES

VILLA RICA
Belo Horizonte

Ficha Catalográfica

S164e.Pm Salgari, Emilio Os estranguladores / Emilio Salgari ; tradução Ana Andrade. — Belo Horizonte: Villa Rica, 2010. 182 p. — (Obras Emilio Salgari, 3) Título original: Los estranguladores. ISBN: 978-85-7344-534-3 1.Literatura italiana. I.Andrade, Ana. II.Título original: Los estranguladores.III.Título. IV.Série. CDU 821.131.1

2010

Direitos de Propriedade Literária adquiridos pela
VILLA RICA EDITORAS REUNIDAS LTDA
Belo Horizonte

Impresso no Brasil
Printed in Brazil

ÍNDICE

O *Mariana* 9
O Rapto de Damna 22
Tremal-Naik 33
O Manti 44
A Festa de Darma-Ragiae 55
A Bailarina 67
Um Drama Indiano 78
O "Oni-Gomon" 88
As Revelações do *Manti* 96
Um Combate Terrível 107
Na Selva 120
O Ataque do Rinoceronte 132
O Devorador de Homens 141
O Primeiro Tigre 151
Nos Sunderbunds 160
Os *Thugs* 170

I
O *MARIANA*

O vigia do farol de Diamond-Harbour, na manhã de 20 de abril de 1857, notou a presença de um pequeno barco, que devia ter entrado no rio Hugly durante a noite sem a ajuda de nenhum piloto.

A julgar pelas enormes dimensões de suas velas, parecia se tratar de um veleiro malaio.

No entanto, o casco da embarcação não se assemelhava em nada ao dos paraus, já que não tinha os balancins que estes levavam para manter melhor o equilíbrio na água quando as rajadas de vento aumentavam sua violência.

Tampouco se via aquela espécie de galpão, muito comum naquele tipo de embarcações, e que os habitantes locais costumam chamar de *attap*.

O veleiro era construído com grandes tiras de ferro e madeiras resistentes. Sua popa era mais baixa que o normal e devia pesar três vezes mais que os paraus comuns, os quais poucas vezes alcançam as cinquenta toneladas.

Tratava-se de um belíssimo veleiro, estreito, comprido, que, com vento em popa, seria capaz de navegar muito melhor e mais rápido que os navios a vapor que possuía, naquele momento, o governo anglo-indiano.

Em resumo, à exceção do mastreamento, era um barco que recordava aqueles que, durante a Guerra de Secessão dos Estados Unidos, se dedicaram a violar o bloqueio.

No entanto, o que mais causava espanto ao vigia do farol era a tripulação daquele veleiro, demasiado numerosa para uma embarcação tão pequena.

Na coberta se viam homens das raças mais guerreiras da Malásia. Estavam todas ali representadas. Haviam negros das ilhas de Mindanao, alguns papuas com a enorme cabeleira presa com um grande pente. Também se viam dayakos, bugueses, macasarenhos, malaios morenos de olhar turvo, e homens de outras raças.

No entanto, e apesar desta diversidade, ninguém usava seu respectivo traje nacional. Todos estavam vestidos com o "sarong", uma espécie de túnica branca que chega até os joelhos, e o "kabaj", jaqueta muito longa de várias cores, que não impede realizar os movimentos mais bruscos.

Somente dois daqueles homens se vestiam de forma distinta e com grande riqueza, do que se podia deduzir que eram os comandantes do barco.

Um deles, no momento em que a embarcação passava diante do farol de Diamond-Harbour, se encontrava sentado muito perto do timão, em um esplêndido coxim vermelho de seda.

Por sua feição se podia ver que era de origem oriental. De aspecto soberbo, sua estatura era mais alta do que o normal. Seu corpo demonstrava uma grande força, e sua cabeleira, espessa e encaracolada, negra como as asas de um corvo, caía por cima dos ombros. No entanto, o que mais se destacava nele eram seus olhos, animados por um estranho fogo interior.

Sua vestimenta acusava ainda mais sua origem: túnica de seda azul e dourada, com amplas mangas abotoadas com botões de rubis. As calças e sapatos eram de couro amarelo, estes últimos com a ponta ligeiramente elevada, tal como se costuma usar no Oriente.

Sua cabeça estava coberta por um turbante de seda branca, com um penacho seguro por um diamante, tão grande como uma noz, e de um preço incalculável.

Seu companheiro, que estava apoiado sobre a borda, dobrando e desdobrando nervosamente uma carta, era europeu.

De estatura também elevada, suas feições, finas, aristocráticas e seus olhos azuis contrastavam de forma patente ao lado de seu amigo.

Usava um traje europeu, jaqueta de veludo bege com botões de ouro, presa à cintura por um grande cinturão. Suas calças eram de brocado e suas botas e polainas de couro claro com fivelas de ouro. Um grande chapéu de palha de Manilha, adornado com uma fita escura, lhe cobria a cabeça.

Quando o veleiro estava diante da casa do vigia, o europeu, que até aquele momento parecia não haver se dado conta da presença da estação, voltou-se para seu companheiro, absorto em seus pensamentos, e perguntou:

— Sandokan, estamos diante da estação dos pilotos. Quer que peçamos a um deles que nos guie?

Saindo de sua abstração, Sandokan se levantou e dirigiu seu olhar rumo a estação, ao mesmo tempo em que comentava com seu companheiro:

— Saberemos entrar em Calcutá sem a ajuda dos pilotos! Além disso, não gosto de curiosos a bordo de meu barco!

Ao que respondeu Yáñez:

— Tem razão, Sandokan. É melhor que nos conservemos incógnitos. A mais leve indiscrição pode colocar de sobreaviso a esse velhaco Suyodhana, e nos veríamos, então, em apuros.

— Demoraremos muito ainda para chegar a Calcutá? — perguntou Sandokan. — Você que esteve lá várias vezes, deve saber.

— O mais certo é chegarmos antes do pôr-do-sol, já que a maré está subindo e a brisa nos favorece.

— Estou impaciente por voltar a me encontrar com Tremal-Naik. Que desgraça a sua! Depois de perder a mulher, agora é sua filha!

— Nós a arrebataremos a Suyodhana! Veremos então se o Tigre da Índia é capaz de derrotar o Tigre da Malásia!

Os olhos de Sandokan relampejaram, enquanto franzia o sobrecenho. Exclamou:

— Nós a arrebataremos, ainda que seja preciso revolver a Índia inteira e afogar em suas cavernas a esses malditos *thugs*! Será que Tremal-Naik recebeu a mensagem que mandamos? Espero que não a tenham interceptado no caminho.

— Não se preocupe. Já deve ter chegado a seu destino. E, por certo, creio que seria conveniente adverti-lo que já estamos no rio Hugly e que esta noite, o mais tardar, chegaremos a Calcutá.

— Tem razão, Yáñez.

— Deste modo, virá nos receber e evitaremos uma considerável perda de tempo procurando-o.

— Sabe se há algum telégrafo nas margens deste rio?

— Sim, em Diamond-Harbour.

— Está se referindo à estação dos pilotos que acabamos de passar, verdade? — perguntou Sandokan.

— Exatamente.

Sandokan refletiu durante uns segundos:

— Como ainda estamos perto desta estação, vamos atracar. Ordene que lancem na água uma balsa e enviem ali alguém de confiança para mandar o telegrama.

— Uma boa ideia — comentou Yáñez.

— Se atrasarmos em meia hora nossa viagem, não fará grande diferença. Além disso, os *thugs* podem estar vigiando a casa de Tremal-Naik.

— Tem toda razão, amigo. É uma boa medida, para evitarmos uma desagradável surpresa.

— Então, escreva o texto que vou ditar.

Yáñez arrancou de um bloco de notas, que levava consigo, um pedaço de papel.

— Estou preparado.

Sandokan, que já tinha pensado no texto que ia mandar a Tremal-Naik, começou a ditar a seu companheiro Yáñez:

"A bordo do *Mariana*.
"Senhor Tremal-Naik.
"Rua Durumtolah.

"Navegamos no rio Hugly, e esta noite chegaremos a nosso destino. Mande a nosso encontro alguém de confiança. A embarcação viaja sob a bandeira de Mompracem.

Yáñez de Gomara."

— Pronto! — disse Yáñez, dando o papel a Sandokan para que este conferisse.

— Sim. É melhor que assine você e não eu, assim os ingleses não ficarão na espreita. Talvez ainda recordem algumas visitas que lhes fiz tempos atrás...

Enquanto o veleiro atracava, a dois quilômetros de Diamond-Harbour, uma lancha tripulada por cinco homens estava preparada para zarpar.

Yáñez entregou o telegrama ao timoneiro, acompanhado de uma libra esterlina, dizendo-lhe:

— Procure falar em português, e não diga nem uma só palavra sobre quem somos. Neste momento, o capitão deste barco sou eu. Entendido?

— Perfeitamente, senhor!

O timoneiro, um dayako muito alto e robusto, desceu com grande agilidade até a canoa, colocando-a em marcha rumo à estação dos pilotos.

Meia hora mais tarde regressou. Disse que o despacho havia sido expedido a seu destino.

Yáñez, que estava impaciente esperando sua chegada, assim que o viu, disse:

— Os guardiões do semáforo não fizeram nenhuma pergunta sobre nós?

— Claro que sim, capitão Yáñez! Mas fiquei mudo como um peixe.

— Fez muito bem — disse Yáñez.

A canoa foi suspensa pela grua em poucos minutos. Depois o *Mariana* voltou a empreender sua marcha, seguindo sempre em direção ao Norte, pelo centro do rio, o qual os levaria até Calcutá.

Sandokan havia tornado a sentar-se no coxim, enquanto Yáñez acendia um cigarro e se recostava novamente na borda, olhando distraidamente a margem do rio.

A direita e à esquerda deste, se estendiam enormes bosques de bambu de mais de quinze metros de altura.

Naqueles lugares estavam as terras baixas e lamacentas chamadas de "Sunderbunds" do Gânges. Era o refúgio favorito dos tigres, dos crocodilos, das serpentes e dos rinocerontes.

Pelas margens não se distinguia nenhum homem. Só revoluteavam muitos pássaros aquáticos de uma variada plumagem multicor.

As grandes cegonhas negras, íbis escuros e horrendos, alinhados como soldados, arrumavam as penas cuidadosamente.

Pelos ares, se viam verdadeiras nuvens de patos. De vez em quando, se distinguia na água alguns deliciosos peixes vermelhos do Gânges, que cometiam a imprudência de subir à superfície, sendo então capturados pelos bicos das aves que voavam por ali.

Ao ver aquele espetáculo, Yáñez se ia animando pouco a pouco, olhando com mais interesse para as margens.

— Um país estranho este, mas com excelente caça! — comentou Yáñez.

— Tem razão! — replicou Sandokan.

— No entanto, estas matas não valem o mesmo que os majestosos bosques de Bornéu, nem sequer os que temos na ilha de Mompracem — disse Yáñez.

— Não invejo em nada aos *thugs* de Suyodhana, se habitam estes lugares. Estão rodeados de espinhos por todos os lados, cana e pântanos. Isto é o que oferece o delta do rio sagrado dos indianos!

— Não mudou nada desde que visitei a Índia — disse Yáñez, lançando um olhar ao redor.

— Os ingleses não se preocupam mais do que se aproveitarem dos indianos o mais que podem — afirmou Sandokan.

Pouco a pouco, o *Mariana* avançava com mais rapidez, subindo o rio Hugly. No entanto, apesar da distância que percorriam, não se notava diferença alguma quanto à vegetação das margens. Só na esquerda se viam, de vez em quando, alguns grupos de pobres cabanas, de paredes feitas de barro, ressecadas pelo sol inclemente e tetos de grandes folhas. Para resguardá-las o mais possível do constante e opressivo calor haviam posto coqueiros meio pelados, espessos galhos e uma ou outra árvore de tronco grosso. As cabanas mais próximas ao rio estavam protegidas por uma paliçada feita com fortes estacas, para proteger seus habitantes das investidas dos crocodilos.

— São estes os pântanos que habitam os terríveis *thugs*? — disse Sandokan.

— Sim, meu irmão.

— Que pobreza e miséria!

— As condições de vida são muito ruins em toda esta zona — respondeu Yáñez.

— Não é um posto de observação ali?

— O que? — perguntou Yáñez, olhando na direção indicada por seu companheiro.

— Não está vendo, ali adiante, entre as canas, uma espécie de torre de madeira?

— Sim — disse. — Aquilo é um asilo de náufragos!

— E quem o construiu? — perguntou interessado Sandokan.

— O governo anglo-indiano.

— Por que o chamam de asilo de náufragos?

— Irmão, o rio no qual estamos navegando, é mais perigoso do que você imagina, devido aos numerosos bancos de areia que a força da corrente arrasta a cada momento. Numa hora estão em um local, daqui a pouco, em outro!

— Isso faz com que os naufrágios nesta zona sejam muito mais frequentes que no mar — afirmou Sandokan.

— De fato. Além disso, como as margens estão infestadas de crocodilos, foi necessário construir essas torres para que, em caso de necessidade, se possam refugiar aqui os que tenham naufragado.

— E o que há nessas torres?

— Víveres. E também pequenos barcos destinados a este serviço, que os renovam todos os meses.

— Ou seja, estas ribeiras são extremamente perigosas, é isto, Yáñez?

— Sim, muito perigosas, e o pobre náufrago que tem a desgraça de cair aqui, tem muito poucos recursos para sobreviver.

— Que horror! — exclamou Sandokan.

— Agora mesmo, atrás dessas plantas, estou certo que há vários tigres que nos seguem com o olhar — afirmou Yáñez.

— São animais muito ferozes, não são?

— Muito! Às vezes se lançam à água para assaltar de improviso a algum pequeno vapor, conseguindo inclusive arrastar a algum pobre marinheiro. Posso lhe assegurar que são muito mais ferozes que os dos nossos bosques!

— E por que não disponibilizam os meios necessários para eliminar esses animais?

— Os oficiais do exército inglês, frequentemente, dão batidas, mas são tão abundantes que por mais que os matem, não conseguem grandes resultados.

Sandokan, ficou pensativo durante alguns minutos. De repente, voltando-se para seu companheiro, disse sorrindo:

— Acaba de me ocorrer uma ideia, Yáñez.

— Qual é? — perguntou interessado o português.

— Esta noite eu lhe direi, tão logo tenhamos conseguido falar com Tremal-Naik.

— Se não há outra solução, esperarei — disse Yáñez.

Naquele momento, o veleiro cruzava diante da torre que Sandokan havia indicado. Era uma construção nas margens de uma ilhota pantanosa que se separava da selva por um pequeno canal.

Tratava-se de uma sólida edificação, feita com bambus, de formas pesadas e com uns seis metros de altura.

A entrada era muito perto do teto, e se a alcançava por uma escada de mão.

Como o barco que renovava os víveres não ia mais que uma só vez ao mês, uma inscrição em quatro idiomas, inglês, francês, alemão e indiano, recomendava aos náufragos que os economizassem.

Naquele momento não havia nenhum náufrago. Ali só dormitavam sobre o teto alguns casais de marabus, com a cabeça metida sob uma asa, e o enorme bico aparecendo por entre as plumas do peito.

Aqueles pássaros estavam digerindo certamente o cadáver de algum indiano encalhado por tais paragens.

Ambas as margens começavam a se mostrar um pouco mais povoadas perto do meio-dia, apesar de que a selva, ou as planícies pantanosas, se estendessem de modo considerável.

Por estes terrenos, monótonos e deprimentes, viam-se atoleiros, metade água, metade lodo, cobertos de gigantescas ramagens, entre as quais destacavam-se de quando em quando as cores de alguma flor de lótus.

Nas margens, infestadas de vírus de febres e cólera, aparecia um ou outro habitante.

Os corpos destes infelizes pareciam esqueletos vivos, e se dedicavam a recolher o sal que se produz naqueles terrenos pantanosos.

Mais que homens, pareciam crianças enfermas. Corpos delgados frágeis e rostos aonde o que mais se destacava eram os olhos, negros, profundos e de olhar assombrado, como se se perguntassem uns aos outros o porquê de sua triste situação.

Mas segundo o parau avançava em seu caminho, a vida e uma maior atividade iam aumentando.

Também as barcas escasseavam, indicando a proximidade da opulenta cidade de Bengala. Um ou outro vapor navegava com grandes precauções.

Por volta das seis da tarde Sandokan e Yáñez, que estavam na popa do barco, descobriram entre uma nuvem de fumaça os imponentes baluartes do forte William, os altos tetos e as cúpulas dos pagodes da cidade negra, a cidade indiana de Calcutá.

Alinhados atrás de graciosos jardins e sombreados por palmeiras e cocos, começava-se a ver na orla direita elegantes palacetes e bangalôs de claro estilo oriental, mas com as comodidades que a civilização europeia havia introduzido naquele país.

— Desfralde no mastro maior a bandeira de Mompracem — ordenou Sandokan. — Cubra os canhões de popa e proa, que se retire parte da tripulação...

Yáñez estava a seu lado com seu eterno cigarro na boca e olhando os barcos que se cruzavam em todas as direções.

— Kammamuri não virá? — perguntou.

O português apontou para a orla direita e respondeu:

— Olhe, Sandokan, aquela chalupa que traz na popa a bandeira de Mompracem! Ali vem o valente e fiel criado de Tremal-Naik!

De fato, se aproximava uma pequena e elegante embarcação de esbeltas formas que trazia na proa uma cabeça dourada de elefante. Era tripulada por seis remadores, e um timoneiro, e ostentava na popa a bandeira vermelha.

Avançava rapidamente por entre as embarcações que lotavam o rio, indo ao encontro do parau, o qual havia atracado junto à orla.

— Está vendo? — perguntou Yáñez alegremente ao chefe pirata.

— O Tigre da Malásia ainda consegue ver — respondeu com ironia Sandokan. — É ele quem vem ao timão! Agora saberemos, finalmente, como esse maldito Suyodhana pôde roubar a filha do pobre Tremal-Naik!

A chalupa percorreu em escassos minutos a distância que a separava do parau, fazendo a abordagem por bombordo.

E enquanto os tripulantes retiravam os remos e amarravam a embarcação, o timoneiro subiu pela escada de mão e saltou à tolda.

— Senhor Sandokan! Senhor Yáñez! — exclamou emocionado. — Me alegro de voltar a vê-los!

O recém-chegado era um indiano, musculoso e cheio de vitalidade. Tinha perto de trinta anos. Alto, e de feições corretas e enérgicas.

O rosto bronzeado destacava-se ainda mais sobre o traje branco, e os brincos que trazia nas orelhas lhe davam um aspecto estranho e até mesmo exótico.

Sandokan lhe deu um abraço.

— Meu valente amigo! — disse

— Ah, senhor! — exclamou o indiano, com voz emocionada.

Yáñez, mais calmo e menos expansivo que o chefe pirata, apertou fortemente as mãos do recém-chegado.

— E Tremal-Naik? — perguntou Sandokan.

Kammamuri, com voz comovida, disse entre soluços:

— Senhor! Tenho medo de que meu patrão fique louco! Os malditos se vingaram!

— Agora nos contará tudo o que ocorreu — exclamou Yáñez, dirigindo-se ao indiano.

Em seguida, perguntou:

— Aonde será melhor lançarmos âncoras?

— Não o faça em frente da esplanada do parque — disse Kammamuri.

— Por que? — perguntou Sandokan.

— Porque esses miseráveis *thugs* nos estão vigiando sempre e é preciso que sua chegada passe desapercebida para eles.

— Neste caso, subiremos o rio até onde você nos indique — respondeu Yáñez.

— Neste caso, ancoraremos diante do "strand", do outro lado do forte William. Meus remadores se encarregarão de guiá-los até lá, e desse modo evitaremos atrasos.

— Mas quando poderemos falar com Tremal-Naik? — perguntou Sandokan impaciente.

— Temos que ser muito prudentes para que não nos descubram. A melhor ocasião será por volta da meia-noite, quando a cidade estiver dormindo.

— Seus homens são de confiança? — perguntou Sandokan.

— Respondo por todos eles! São marinheiros muito hábeis.

— Ordene que subam a bordo e lhes entregue a direção do parau. Depois, venha imediatamente a meu camarote, porque quero ficar sabendo de tudo o que aconteceu.

A um assovio do Kammamuri acudiram seus homens e, depois de trocar algumas palavras com eles, se dirigiu para o salão de popa, aonde já se encontravam Yáñez e Sandokan.

II
O RAPTO DE DAMNA

O pequeno salão onde acabavam de entrar Yáñez, Sandokan e Kammamuri, ocupava uma boa parte da popa.

Se o parau oferecia exteriormente um aspecto elegante, a câmara de popa chegava a ser mesmo luxuosa. Para decorá-la e mobiliá-la tão ricamente, o proprietário não havia poupado.

As paredes estavam atapetadas de sedas vermelhas da China, com pequenas flores bordadas em ouro. Grupos de armas, muito bem distribuídas, pendiam dos tabiques. Ali se podiam ver *"cris"* malaios de ponta aguda e lâmina ondulada, preparados com um terrível veneno. Também havia pistolas com os canos repletos de preciosos arabescos e a culatra de ébano incrustada em nácar. Sabres e *"parangs"* dayakos de longa e pesada lâmina; carabinas indianas, com um trabalho maravilhoso. Enfim, não faltavam sequer os velhos trabucos de longa boca utilizados em Mindanao durante algum tempo por belicosas tribos burguesas.

No meio do salão se encontrava uma mesa de ébano com filigranas de nácar. Alguns divãs, bem baixos, de seda branca se alinhavam ao longo das paredes, e pendia do teto uma lâmpada de Veneza, espalhando pela sala uma luz suave.

Yáñez se encontrava de pé, ao lado de Kammamuri, que estava sentado junto a Sandokan. Perguntou:

— Querem tomar alguma coisa?

— Sim — respondeu Sandokan.

Yáñez pegou uma garrafa e três taças, que encheu de um licor topázio. Em seguida, dirigindo-se a Kammamuri, disse:

— Já pode nos dizer o que sabe, sem temor algum, porque aqui ninguém nos pode escutar.

— Os *thugs* não são peixes para que surjam do fundo do mar — acrescentou Sandokan.

— Certamente são demônios, e não peixes — respondeu Kammamuri, soltando um profundo suspiro.

— Pegue a taça e comece seu relato, meu valente Kammamuri — disse Sandokan. — O tigre da Malásia abandonou seu retiro de Mompracem para declarar guerra ao Tigre da Índia; mas antes preciso saber de todos os detalhes do rapto.

— Senhor, os emissários de Suyodhana sequestraram a pequena Damna há vinte e quatro dias, e desde então meu patrão chora sem cessar sua desgraça.

— Pobre Tremal-Naik! — exclamou Sandokan

— Se não houvesse recebido o telegrama no qual lhe comunicavam que estavam vindo para cá — continuou o indiano, — certamente meu patrão já estaria louco a estas horas.

— Acaso temia que não viéssemos prestar-lhe ajuda? — perguntou Yáñez.

— Não porque não quisessem, mas por causa de suas contínuas viagens e ocupações.

— Os piratas da Malásia há muito que descansam e agora não há nada para se fazer por ali. As coisas mudaram e os bons dias de Labuán e Sarawak pertencem há tempos muito distantes, já quase esquecidos.

— Conte-nos o que aconteceu, Kammamuri — disse Sandokan.

— De que modo raptaram Damna? — perguntou Yáñez, interessado.

— O golpe foi verdadeiramente diabólico, o que demonstra o infernal talento de Suyodhana.

— Como foi, então? — perguntou Sandokan.

— Explicarei desde o princípio — exclamou Kammamuri, com o rosto contraído pela emoção.

23

Depois de fazer uma ligeira pausa, continuou com o relato:

— A mulher de meu patrão morreu ao dar a luz a Damna. Então, ele transferiu para sua filhinha todo o afeto que havia tido por sua adorada esposa. Dia e noite se mantinha vigilante para evitar que os terríveis *thugs* tentassem alguma coisa contra a indefesa criatura.

"Por aqueles dias chegaram a nossos ouvidos insistentes rumores sobre os propósitos dos sectários de Kali. As precauções que tomávamos se multiplicaram para vigiar a filha de meu patrão.

"O que se contava era que os temíveis *thugs*, dispersados pelas perseguições levadas a cabo pelo capitão Macpherson, se haviam tornado a reunir pouco a pouco nas imensas cavernas que se estendem sob a ilha de Raimanmal, e que Suyodhana estava disposto a arranjar uma nova virgem para o culto da deusa.

"Um grande desassossego atingiu meu patrão ao escutar aqueles rumores. Temia que aqueles miseráveis, que haviam mantido sua esposa como prisioneira durante muitos anos, adorando-a como a representante da deusa Kali, tentassem agora se apoderar de sua querida filha.

"O medo que sentia não o deixava viver. Por desgraça, seus temores se confirmariam de uma maneira terrivelmente dolorosa."

Ao chegar a este ponto, Kammamuri fez uma leve pausa, que Yáñez aproveitou para oferecer-lhe uma taça de licor. O indiano tomou de um sorvo, e prosseguiu seu relato.

— Para que os *thugs* nunca pudessem chegar à habitação da pequena, tomamos minuciosas medidas de precaução, pois sabíamos que geralmente sempre conseguiam o que se haviam proposto.

"Mandamos gradear as janelas com grossas barras de ferro, as portas foram forradas com pranchas do mesmo metal, e por temor a que existisse alguma passagem secreta, que tanto abundam nos antigos palácios indianos, se ordenou reconhecer palmo a palmo todo o edifício e, no caso de se encontrar alguma, obstruí-la.

"Além disso, para evitar qualquer contingência, montei meu quarto no corredor que conduzia ao quarto da pequena. Em minha vigília me ajudava um tigre domesticado, e Punthy, um cão negro, terrível por sua ferocidade e agilidade, a quem os *thugs* conhecem, por lutarem contra ele em mais de uma ocasião.

"Deste modo, passaram-se seis meses de ansiedade, em contínua vigilância e em completo desassossego, sem que os malditos *thugs* dessem sinal algum.

— Quando isso aconteceu? — perguntou com ansiedade Sandokan.

— Uma manhã, Tremal-Naik recebeu um telegrama de Chandernagor, assinado por um amigo seu.

— Quem era? — perguntou Yáñez.

— Um amigo seu, exilado por haver se comprometido na última insurreição, e que agora se encontrava refugiado na colônia francesa de Chandenagor — respondeu Kammamuri, dirigindo-se a ambos.

Yáñez e Sandokan, que não perdiam nem uma só palavra do relato, perguntaram ao mesmo tempo:

— Qual era o texto desse telegrama?

— "Venha imediatamente. Preciso falar com você, com urgência."

— Como se chama este homem? — perguntou Yáñez.

— Príncipe Mucdar, amigo de meu amo.

— E o que fez Tremal-Naik ao receber o telegrama? — tornou a perguntar Yáñez.

— Devido à grande amizade que os ligava, por haverem se prestado mutuamente muitos favores, meu patrão não vacilou um só momento em ir até Chandernagor, acreditando que seu amigo se encontrava ameaçado pelas autoridades inglesas.

— Quem ficou vigiando a pequena Damna? — perguntou Sandokan.

— Eu — respondeu Kammamuri. — Meu patrão, antes de partir, me recomendou que mantivesse estreita vigilância.

— O que aconteceu então?

— Nada de particular durante o dia que pudesse infundir suspeitas.

— Foi à noite? — inquiriu Yáñez.

— Sim! Ao entardecer, recebi um telegrama, assinado por meu patrão, anunciando-me que regressava de Chandernagor.

— O que dizia? — perguntou Sandokan.

— Lembro-me textualmente do que estava escrito. Dizia: "A pequena corre um grave perigo por parte de nossos inimigos. Parta imediatamente com ela".

— Não pensou em uma possível armadilha preparada por seus inimigos? — perguntou Yáñez.

— Não. No entanto, muito assustado pelo que pudesse acontecer, me dirigi imediatamente à estação, levando comigo a pequena e sua ama-de-leite.

"Às seis e meia havia recebido o telegrama, e às sete e meia havia um trem para Chandernagor e Hugly.

"A cabine que nos correspondia estava vazia quando chegamos, mas alguns momentos mais tarde, quando o trem estava a ponto de partir, entraram dois brâmanes que sentaram-se à minha frente, sem fazer o menor comentário.

— Qual era seu aspecto? — perguntou Sandokan, cada vez mais interessado.

— Eram dois homens de aspecto imponente e grave, os dois com longas barbas brancas, incapazes de infundir suspeitas ao homem mais desconfiado.

— O que aconteceu depois? — perguntou Yáñez.

— Não aconteceu nada de extraordinário durante um bom tempo, mas, assim que cruzamos a estação de Sirampur, aconteceu algo sem importância aparentemente, mas que ia trazer consequências muito graves.

Kammamuri ficou mudo durante alguns instantes, como se quisesse recordar a cena. Sandokan aproveitou a pausa para perguntar-lhe:

— Mas, o que aconteceu?

— Uma das maletas dos viajantes se abriu, e dali caiu um globo de finíssimo cristal, dentro do qual estavam lindas flores.

"Rompeu-se em mil pedaços e as flores se espalharam por todo o chão da cabine. Os brâmanes não se incomodaram sequer em recolhê-las. Só vi que ambos pegaram lenços e taparam a boca e o nariz, como se o aroma que desprendiam as flores os incomodasse.

Sandokan, profundamente impressionado pelo relato de Kammamuri, exclamou:

— Ah! Conte logo, Kammamuri!

— O que aconteceu então? — perguntou Yáñez.

— Não sei! — disse o indiano, com a voz tremendo.

— Como não sabe? — exclamaram Yáñez e Sandokan ao mesmo tempo.

— Só me recordo é que minha cabeça ia ficando vez mais pesada, e depois já não me lembro de nada — explicou Kammamuri.

"Um profundo silêncio reinava ao meu redor quando acordei. A mais completa escuridão me rodeava. O trem estava imóvel e só o que escutava era um comprido assovio produzido ao longe.

"Rapidamente me pus de pé, chamando Damna e sua ama-de-leite, mas ninguém me respondeu. Por um momento achei que havia enlouquecido, ou que estava sob a influência de um horrível pesadelo.

"Quando me acalmei um pouco, me precipitei sobre a portinhola, mas estava fechada à chave.

"Com um só golpe quebrei o vidro, com tanta força que cortei toda a mão. Deste modo consegui abrir a portinhola e sair.

"O trem se encontrava parado em uma via morta e ali não havia absolutamente ninguém: nem maquinista, nem o foguista, condutores, ou passageiros.

"Olhando ao longe pude distinguir umas luzes, e como um louco comecei a correr, gritando:

"— Damna! Ketti! Os *thugs* as roubaram! Os *thugs*! Socorro!

"Alguns policiais e empregados da estação me detiveram em minha louca carreira. Ao princípio me confundiram com um louco, de tão excitado que estava, e demorei mais de uma hora para convencê-los de que estava são. Depois lhes contei o que havia acontecido.

"Disseram-me que me encontrava na estação de Hugly, há somente vinte milhas da estação de Chandernagor."

Kammamuri fez uma pequena pausa.

— Ao deterem o trem naquela linha morta — continuou Kammamuri, — ninguém notou a minha presença. Por isso, permaneci em nossa cabine até acordar.

— O que fizeram os policiais? — perguntou Sandokan.

— Fizeram algumas averiguações, mas não conseguiram obter resultado positivo algum.

"Ao amanhecer, saí o mais rapidamente possível para Chandernagor para avisar a Tremal-Naik do desaparecimento de sua querida filha e da ama-de-leite.

"Quando cheguei, já não estava ali, e por seu amigo fiquei sabendo que ele não havia enviado telegrama algum ao meu patrão."

— Então, tampouco Tremal-Naik mandou o telegrama que você recebeu? — perguntou Sandokan.

— Certo — exclamou Kammamuri.

— Quem iria suspeitar de uma armadilha tão bem preparada? — exclamou Yáñez.

Sandokan, que estava impaciente por saber o resultado final de tão trágico acontecimento, disse:

— Continue, Kammamuri!

Lágrimas rolaram pelas bochechas de Kammamuri.

— A dor de meu patrão foi indescritível. Por um verdadeiro milagre não enlouqueceu ao saber do ocorrido.

"Enquanto isso, a polícia continuava investigando para tentar descobrir os raptores da menina."

— Conseguiram saber quem mandou os telegramas? — perguntou o português.

— Sim, os dois foram expedidos por um indiano, desconhecido até então pelos empregados da companhia telegráfica de Chandernagor, e que falava pessimamente o francês.

— O que mais descobriram? — perguntou Sandokan.

— Depois de muitos interrogatórios se supôs que os dois brâmanes deixaram o trem na estação de Chandernagor, levando uma mulher, que ao que parece se encontrava gravemente enferma, e que um deles carregava uma criança de cabelos loiros.

"No dia seguinte a ama-de-leite foi encontrada morta em um bosque de plátanos."

— Pobre mulher! — exclamaram Yáñez e Sandokan, compadecidos ante aquela desgraça.

— Irão pagar por isto! — gritou Yáñez, apertando os punhos.

— Acalme-se, Yáñez — disse Sandokan. — Não há provas suficientes para saber se foram os *thugs* que roubaram a criança e sua ama-de-leite. Poderiam mesmo ser bandidos, que...

Kammamuri o interrompeu dizendo:

— Não. Foram os *thugs* de Suyodhana os responsáveis.

— Como sabe? — perguntou Sandokan.

— Uma semana depois da desgraça, meu patrão encontrou em sua casa uma flecha, certamente atirada da rua, em cuja ponta estava representado o corpo de uma serpente com cabeça de mulher, que é o emblema dos sectários da monstruosa deusa Kali.

— Ah! — exclamou Sandokan, ao mesmo tempo que franzia o sobrecenho.

— E a coisa não terminou aí — prosseguiu Kammamuri. — Uma manhã vimos na porta de nossa casa uma folha de papel onde estava desenhado o emblema dos *thugs*, coroado por dois punhais em cruz, e no meio um S.

— A assinatura de Suyodhana! — exclamou Yáñez.

— Sim, senhor Yáñez — respondeu Kammamuri.

— E a polícia inglesa não conseguiu descobrir nada? — perguntou Sandokan.

— Durante algum tempo prosseguiram com suas investigações, mas, segundo parece, não lhes interessa misturar-se demasiado nos assuntos dos *thugs*, e abandonaram logo o caso.

— E não procuraram nos Sunderbunds? — perguntou Sandokan.

— Não. Negaram-se, com o pretexto de que não tinham homens o suficiente para os enfrentar.

— Quer dizer então que o Governo de Bengala não tem soldados? — perguntou Sandokan.

— O Governo anglo-indiano está demasiado atarefado neste momento para se ocupar dos *thugs*, já que a insurreição está se estendendo no país, e as colônias inglesas na Índia correm o perigo de desaparecer.

— Há uma insurreição? — perguntou Yáñez interessado.

— Sim, e ela cresce a cada dia. Os regimentos de sipaios se sublevaram em vários lugares, sobretudo em Délhi, Cawnpore, Merut e Luchnow. Depois de fuzilar os oficiais, correram a colocar-se sob o comando de Tantia Topi e da formosa e valente Rani.

— Está bem — disse Sandokan. — Já que nem a polícia nem o Governo de Bengala podem controlar os *thugs*, nós faremos isso, não é, Yáñez?

O chefe pirata se levantou, e como se falasse consigo mesmo prosseguiu:

— Dispomos de cinquenta homens, cinquenta piratas escolhidos entre os mais valentes de Mompracem, que não temem nem a Kali nem aos *thugs*. Contam, além disso, com armas de bom alcance, e um barco que pode desafiar inclusive os canhões ingleses. Com todos estes elementos podemos enfrentar o poder dos *thugs* e dar um golpe mortal neste monstruoso Suyodhana. O Tigre da Malásia em luta com o da Índia! Será interessante!

Em seguida tomou alguns goles de licor, ficando um instante imóvel com os olhos fixos no fundo do copo.

Rapidamente girou sobre seus calcanhares e olhando para Kammamuri, perguntou com curiosidade:

— Tremal-Naik acredita que os *thugs* tenham retornado a seus misteriosos subterrâneos de Raimanmal?

— Está plenamente convencido disso — respondeu Kammamuri.

— Então, eles devem ter levado a pequena Damna para lá.

— Com certeza, senhor Sandokan.

— Você conhece Raimanmal?

— E os subterrâneos também. Já lhes disse que durante seis meses fui prisioneiro dos *thugs*.

— Certo, agora o recordo. E são muito grandes esses subterrâneos?

— Imensos, Sandokan. Estendem-se por debaixo de toda a ilha como se fossem ninhos de animais.

— Que lugar excelente para afogar esses bandidos!

— E a menina?

— Meu bom Kammamuri, primeiro a colocaremos a salvo, depois os afogaremos.

Sandokan suspirou e franzindo o sobrecenho, perguntou:

— Por onde se desce a esses subterrâneos?

— Por um buraco aberto no tronco central de uma árvore imensa.

— Muito bem. Então iremos visitar os Sunderbunds. Suyodhana, logo terá notícias do Tigre da Malásia e de Tremal-Naik.

Sandokan não havia terminado de dizer estas palavras quando, de repente, se ouviu um ruído de cadeias e um golpe na água, seguido de vozes de comando.

Instantes depois o parau se moveu de tal forma que todos foram lançados de um lado para o outro.

— Subamos, Sandokan! — disse Yáñez se levantando com rapidez. — Estão suspendendo a âncora.

Todos esvaziaram de um trago suas taças e rapidamente saíram à coberta para ver o que ocorria.

A noite havia já caído sobre a cidade envolvendo em suas sombras os pagodes, as cúpulas e os grandiosos palácios da branca cidade.

Em meio das trevas, no entanto, milhares de faróis e de luzes brilhavam ao longo do rio.

Sobre o rio, que naquele ponto tem mais de um quilômetro de largura, se alinhavam centenas de barcas a vapor e de vela procedentes de todos os lugares do mundo.

O *Mariana* havia ancorado perto dos últimos bastiões do forte William, cujo enorme quebra-mar se agigantava nas sombras. E ali permanecia imóvel, como um enorme fantasma vigiando na noite.

Sandokan, depois de haver verificado se as âncoras estavam bem seguras, ordenou:

— Recolher as velas!

E em seguida foi lançado à água uma baleeiro que os conduziria à terra.

— Já é quase meia-noite — disse a Kammamuri. — Podemos ir agora à casa de seu patrão?

— Sim, mas lhes aconselho que usem trajes menos elegantes e ricos que os que estão usando, para não chamar a atenção dos espiões dos *thugs*. O melhor seria que se vestissem de "sudras" — disse Kammamuri sorrindo.

— Quem são os "sudras"?

— Os criados e servos, Sandokan.

— Não me parece má ideia. À bordo não faltam trajes, e podemos nos disfarçar de modo que enganemos aos espiões.

Sandokan sorriu divertido.

— Vamos, pois — disse. — Se o Tigre da Índia tem a astúcia de uma raposa, o da Malásia não é um cordeiro dócil, não é, Yáñez?

E com o passo decidido foram aos camarotes em busca de uma roupa adequada.

III
TREMAL-NAIK

Cerca de meia-hora mais tarde o baleeiro do *Mariana* navegava no rio, levando a bordo Sandokan, Yáñez e Kammamuri, tripulado por seis robustos malaios da tripulação do barco.

O chefe pirata e seu companheiro português estavam vestidos de "sudras" indianos.

Na cintura levavam uma ampla faixa chamada "dooté". Nos ombros e costas uma espécie de capa de tecido grosso bege, chamada "dubgah".

Ambos escondiam na faixa um par de pistolas de cano comprido e o terrível "Cris" malaio, punhal de folha ondulada e longa, cujas feridas jamais curam por completo em quem as recebe.

A cidade estava sumida nas trevas, e as luzes iam se apagando pouco a pouco, deixando a noite como senhora absoluta.

Somente os faróis brancos, verdes e vermelhos dos barcos refletiam nas escuras águas do rio.

O baleeiro navegou por entre as lanchas e vapores que havia em ambas as margens do rio, e se dirigiu rapidamente para os bastiões meridionais do forte William.

Momentos depois atracava em um quebra-mar, que estava deserto e na mais completa escuridão.

— Chegamos — disse Kammamuri. — A poucos passos daqui se encontra a rua Durumtolah.

— Ele mora em um bangalô? — perguntou Yáñez.

— Não — respondeu o indiano. — Em um palácio muito antigo, que pertenceu ao capitão Macpherson, e que herdou depois da morte de Ada.

— Leve-nos até lá — disse Sandokan.

Depois de saltar em terra, o chefe pirata se voltou para os malaios do baleeiro.

— Vocês nos esperem aqui — lhes ordenou.

— Sim, capitão — respondeu o timoneiro que havia guiado a lancha.

Os três homens começaram a caminhar através da ampla esplanada. Kammamuri abria a marcha, seguido por Sandokan e Yáñez, com a mão sobre as culatras das pistolas, para o caso de alguma tentativa de agressão.

O quebra-mar estava deserto, ou pelo menos o parecia, pois a escuridão era tão completa, que não permitia distinguir facilmente uma pessoa a poucos passos de distância.

Minutos depois chegaram à rua Durumtolah, detendo-se ante um velho palácio de arquitetura oriental e de planta quadrada, coroado por vários terraços e uma pequena cúpula.

Kammamuri tirou do bolso uma chave e a introduziu rapidamente na fechadura.

E já ia abrir a porta, quando Sandokan observou que uma sombra se destacava atrás de uma das colunas que sustentam o balcão. Instantes depois se afastou com grande rapidez, desaparecendo na escuridão da noite.

— Viram aquele homem? — perguntou.

— Qual? — replicaram Yáñez e Kammamuri.

— Alguém estava escondido atrás dessas colunas.

E depois de dirigir um receoso olhar em seu redor, acrescentou:

— Tem razão, Kammamuri. Os *thugs* vigiam esta casa. Temos que ter o máximo de precaução.

Yáñez interveio então para dizer:

— Bah! Pouco importa! Esse espião não pode ver nossa cara. Está muito escuro para que possa nos reconhecer.

— De todo jeito — disse Sandokan, — não devemos nos descuidar dessa quadrilha de bandidos.

Depois entraram todos na casa e Kammamuri cerrou a porta sem fazer o menor ruído.

Silenciosos e ansiosos, subiram por uma escada de mármore, iluminada por uma lanterna chinesa. O criado indiano introduziu logo os dois piratas em um salão mobiliado à inglesa, com várias cadeiras e uma mesa de bambu trabalhado artisticamente.

Pendia do teto um globo de cristal azul que espalhava pelo aposento uma luz suave, fazendo brilhar as lajes vermelhas, amarelas e negras do pavimento.

De repente se abriu uma porta, e um homem se precipitou rumo a Sandokan enquanto exclamava, emocionado:

— Meus amigos! Meus valentes amigos! Agradeço-lhes infinitamente que tenham vindo me ajudar. É verdade que vocês me devolverão minha Damna?

Quem falava assim era um homem de uns trinta e cinco anos de idade. Bengali, alto e forte, de olhos negros e brilhantes, a tez bronzeada, as feições agora comovidas pela tristeza. Usava uma jaqueta branca e com alamares de seda, faixa recamada e muito larga, calça branca, e um pequeno turbante seguro com uma gema.

Sandokan e Yáñez corresponderam aos abraços do indiano bengali.

Afetuosamente o chefe pirata respondeu:

— Não tema, Tremal-Naik. Se nos encontramos agora aqui, é porque estamos decididos a empreender a luta contra Suyodhana e seus sanguinários seguidores.

— Minha Damna! — soluçou o indiano, cobrindo o rosto com a mão, para impedir que o vissem chorar.

— Não sofra! A encontraremos! — disse Sandokan. — Já sabe do que foi capaz o Tigre da Malásia quando era prisioneiro de James Brooke, o rajá de Sarawak.

— Sim, recordo bem — disse o indiano.

— Pois tal como destronei àquele tirano — prosseguiu Sandokan, — que se auto-intitulava o exterminador dos piratas, e que com uma só palavra fazia tremer a todos os sultões, também vencerei a Suyodhana e o obrigarei a devolver sua filha Damna.

— Eu sei! — disse Tremal-Naik. — Somente você e Yáñez podem medir-se com esses malditos sectários, com esses sanguinários adoradores de Kali, e vencê-los. Ah! Se perder também minha filha, depois de ter perdido Ada, a única mulher a quem amei, creio que morreria ou enlouqueceria! É demasiado! Meu coração se parte só em pensar nisto!

— Não sofra, Tremal-Naik! — disse Yáñez, comovido ante a profunda dor do indiano. — Agora não é o momento de se lamentar. O melhor será agirmos o mais rapidamente possível.

E aproximando-se do angustiado indiano, perguntou:

— Diga-me, meu bom amigo, está certo de que os *thugs* tornaram a se reunir nos subterrâneos de Raimanmal?

— Estou plenamente convencido — respondeu Tremal-Naik.

— E acha que ali está também Suyodhana? — insistiu Yáñez.

— Dizem que sim.

— Nesse caso, é possível que tenham levado a pequena para Raimanmal! — interveio Sandokan.

— Sim, para que agora ocupe o posto de sua mãe.

— Ela está correndo algum perigo?

— Não, nenhum. A virgem do pagode representa a monstruosa Kali sobre a terra, e a adoram como a uma autêntica divindade. Por esta razão...

— Então — interrompeu Sandokan, — ninguém se atreverá a fazer-lhe algum mal.

— Nem sequer Suyodhana — respondeu Tremal-Naik.

— Que idade tem sua filha Damna?

— Quatro anos.

Yáñez deu um muxoxo e exclamou:

— Que coisa mais estranha! Fazer de uma criança uma divindade! Qual a razão?

Tremal-Naik afogou um gemido ao ouvir estas palavras.

— É a filha da virgem do pagode — disse, — que durante sete anos representou a Kali nos subterrâneos de Raimanmal. Não percebe?

Yáñez se voltou então para Sandokan.

— Meu irmão — exclamou, — você me falou de um projeto. De que se trata?

— Sim, e já o amadureci — respondeu o chefe pirata. — Para colocá-lo em execução, só preciso saber se realmente os *thugs* estão nos subterrâneos de Raimanmal. Preciso ter certeza disso.

— E como vamos fazer para ter certeza?

— É preciso aprisionarmos um *thug*, para obrigá-lo a confessar. Imagino que em Calcutá também haja *thugs*?

— Muitos — respondeu Tremal-Naik.

— Pois procuraremos tirar algum de seu esconderijo.

— E então?

— No caso de estarem reunidos de novo em Raimanmal, organizaremos uma caçada naquelas selvas, pois Kammamuri me disse que os tigres abundam nesses pântanos.

Sandokan sorriu com ironia.

— Iremos matar alguns desses tigres — disse. — Primeiro aos de quatro patas, e depois aos de dois e sem rabo. Assim vigiaremos a Raimanmal, e talvez possamos descobrir algo que possa nos ser útil.

— Você é um bom caçador, não é, Tremal-Naik? — perguntou Yáñez.

— Claro. Como filho que sou das selvas e dos Sunderbunds — respondeu o indiano. — Mas, por que caçar os tigres antes que os homens?

— A fim de despistar Suyodhana — respondeu Sandokan. — Os caçadores não são policiais nem sipaios, e se é verdade que nestas selvas há tantos tigres, nossa presença não alarmará aos temíveis *thugs*.

Voltou-se para Yáñez e perguntou:

— O que você acha?

— Que a imaginação do Tigre da Malásia é admirável.

— Mas não se esqueça que temos que lutar com uma raposa, e é preciso ser mais astuto e mais hábil que ela — disse Sandokan.

— Tremal-Naik, conhece esses pântanos? — perguntou Yáñez.

— Kammamuri e eu conhecemos perfeitamente todas essas ilhotas e canais.

— Nas Sunderbunds há bastante calado?

— Sim, porque também ali é a confluência de vários braços de mar — respondeu o indiano.

— Diga-me um desses lugares.

— O de Raimatla, por exemplo — respondeu Tremal-Naik.

— A guarida dos *thugs* está muito longe?

— A coisa de uns trinta quilômetros.

— Perfeito! — exclamou Sandokan. — Agora o que necessitamos é de alguém mais. Tem algum outro criado fiel, além de Kammamuri?

— Até dois, se precisar.

O Tigre da Malásia tirou do bolso então um maço de dinheiro.

— Tome. Encarregue a esse criado fiel que adquira dois elefantes com seus respectivos condutores, não importa o preço.

— Mas... eu...— disse o indiano.

Sandokan o interrompeu, sorrindo.

— Não se preocupe. Você sabe que o Tigre da Malásia tem riquezas suficientes para enterrar nelas todos os "rajás" da Índia. Nem Yáñez nem eu temos filhos. O que vamos fazer então com a imensa fortuna acumulada em quinze anos de correrias? Além disso, nem Mariana pode desfrutá-la!

Ao falar em Mariana, Sandokan se levantou com o rosto crispado.

— O que foi? — perguntou Yáñez, ao vê-lo com as feições alteradas.

— Não é nada, não se preocupe — respondeu Sandokan.

Com o cenho franzido, os lábios contraídos e as mãos apoiadas fortemente sobre o peito, Sandokan começou a andar pelo aposento, com o olhar perdido no vazio, como se não visse mais nada à sua volta.

— Acalme-se, meu irmão! — disse Yáñez, pondo a mão sobre o ombro do amigo.

— Jamais poderei esquecê-la! Jamais! — disse Sandokan, com a voz embargada pela emoção. — Nunca! Nunca! Amei por demais à Pérola de Labuán!

A dor que sentia Tremal-Naik não era menos intensa que a do Tigre da Malásia. Ambos haviam perdido a mulher amada.

Yáñez e Kammamuri, do outro lado do aposento, permaneciam em silêncio, profundamente comovidos.

Mas dominando seus sentimentos, Sandokan perguntou:

— Poderemos conseguir os elefantes para amanhã?

— Creio que sim — respondeu Kammamuri.

— Até que consigamos alguma informação permaneceremos aqui, depois veremos o que é mais conveniente fazer.

— Muito bem — responderam Yáñez e Tremal-Naik.

— Quando virá para bordo de nosso parau, Tremal-Naik? — perguntou Sandokan. — Ali estará mais seguro que em seu palácio.

— É verdade. Sei perfeitamente que os *thugs* vigiam minha casa. Então, amanhã à noite, aceitarei sua hospitalidade.

— Iremos esperá-lo. Vamos, Yáñez.

— Por que não passam a noite aqui? — disse Tremal-Naik.

39

— Para não levantar suspeitas — respondeu Sandokan.

— Se amanhã nos virem sair de sua casa possivelmente nos seguiriam até o parau, e isso não nos convém.

— Tem razão.

— E se formos agora, com a escuridão que está nas ruas, será muito difícil sermos seguidos, e caso consigam fazê-lo, nos será muito fácil enganá-los com o baleeiro que está nos esperando no quebra-mar. De todas as formas, amanhã terá notícias nossas. Adeus, Tremal-Naik!

— Partiremos amanhã à noite — disse Tremal-Naik a Sandokan.

— Não sei, mas, de todo jeito, veja se pode encontrar os elefantes, e procura tomar todas as precauções possíveis para evitar que sigam seus passos.

— Fique tranquilo, Sandokan — respondeu. — Querem que Kammamuri os acompanhe?

— Não é necessário, temos boas armas e o quebra-mar está perto — respondeu Yáñez.

Novamente os dois amigos se abraçaram fortemente, e então Yáñez e Sandokan desceram as escadas acompanhados de Kammamuri. Uma vez na porta lhes disse:

— Procurem estar atentos a qualquer coisa.

— Não se preocupe! — respondeu Sandokan, a ponto de cruzar o umbral da porta. — Não somos homens que se deixem surpreender muito facilmente!

෴෴

Uma vez na rua, os dois piratas sacaram as pistolas para qualquer emergência.

— Creio que será fácil chegarmos até o quebra-mar! — comentou o português.

— De todas as formas, abra bem os olhos, Yáñez! — disse o Tigre da Malásia.

— Estão bem abertos, irmão, mas confesso que não vejo um palmo diante do meu nariz. Com tanta escuridão parece que estou metido em um poço de alcatrão.

Depois de avançar alguns passos, se detiveram no meio da rua para se certificarem de que ninguém os seguia. Tranquilizados pelo profundo silêncio que reinava, continuaram seu caminho dirigindo-se rumo a explanada do forte William.

Iam no centro da calçada, procurando manterem-se afastados das paredes das casas, e vigiando ambos os lados.

A cada quinze ou vinte passos se detinham para escutar, porque estavam convencidos de que alguém os seguia, talvez o homem que Sandokan havia visto quando Kammamuri abria a porta do palácio.

No entanto, chegaram ao extremo da rua sem que lhes acontecesse o menor incidente. E quando desembocaram no quebra-mar, a luz já os protegeu.

— O rio está adiante — disse Sandokan.

— Sim, já o ouço — disse Yáñez.

Caminharam mais depressa, mas não haviam atravessado o quebra-mar, quando, de repente, caíram um em cima do outro.

— Ah, bandidos! — gritou Sandokan. — Estenderam um arame de parte a parte!

Ao mesmo tempo, vários homens até aquele momento escondidos, se precipitaram sobre os dois piratas, fazendo algo zumbir no ar.

— Estão apertando os laços! — gritou Yáñez. — Não se levante, Sandokan!

Então ressoaram dois disparos, um de cada lado.

O chefe pirata havia disparado no mesmo instante em que recebia no ombro uma bala. Um dos atacantes caiu, soltando um grito.

Seus companheiros correram em todas as direções, desaparecendo nas sombras.

Uma sentinela gritou nos bastiões do forte William:

— Quem está aí?

Logo, já não se ouvia mais nada.

— Creio que foram embora — disse Yáñez. — Não são muito valentes esses "thugs"! Aos primeiros disparos, correm feito gamos.

— Não há dúvida de que a armadilha estava bem preparada — respondeu Sandokan. — Se demorássemos em disparar, nos estrangulariam.

— Vamos ver se o bandido está morto!

— Não se move.

— Talvez esteja fingindo.

— Não creio.

Depois de olhar ao redor e de levar a mão ao pescoço, por temor que lhes pudessem oprimir algum laço inesperado, se dirigiram para o homem que jazia no chão. Tinha as mãos crispadas sobre a cabeça e as pernas encolhidas.

— Está morto — disse Sandokan.

— Será um *thug*?

— Não sei, mas Kammamuri disse que essas pessoas têm uma tatuagem no peito.

— Vamos levá-lo para a chalupa.

— Silêncio!...

— Escutou algo?

Ao longe se ouviu um assovio, ao que responderam com outro da rua Durumtolah.

— Rápido, — disse Sandokan, — para o baleeiro, e sem perder tempo! Vamos!

Saltaram por cima do arame e correram para o rio, enquanto outro assovio ressoava entre as trevas.

O baleeiro continuava no mesmo local. A metade dos malaios que a tripulava acabava de desembarcar, armados com fuzis, dispostos a sair em defesa de seus chefes.

— Capitão — disse o timoneiro ao ver Sandokan, — foram vocês quem dispararam?

— Sim, Rangany.

— Era o que pensava. Íamos sair para ajudar vocês neste momento.

— Obrigado! — respondeu Sandokan.

E saltando no baleeiro, perguntou:

— Viram alguém rondar por aqui perto?

— Não vimos ninguém.

— Bem, por esta noite basta.

E depois de mandar acender o farol de proa, o baleeiro se afastou rapidamente.

Quase ao mesmo tempo, em silêncio, uma pequena canoa, escondida até aquele momento, começou a segui-los, sendo tripulada por dois homens desnudos, com os corpos untados de azeite de coco.

IV
O *MANTI*

Na manhã seguinte, depois ter dormido tranquilamente, Sandokan e Yáñez tomavam uma xícara de café, enquanto comentavam os acontecimentos da noite anterior.

Foi quando viram entrar no salão o contramestre da tripulação, um malaio de compleição atlética.

— O que aconteceu, Sambigliong? — perguntou Sandokan. — Tremal-Naik enviou algum emissário?

— Não, capitão.

— Então...?

— É que está aqui um indiano que quer subir a bordo.

— Quem é?

— Me disse que é um *manti*.

— O que é um *manti*?

Yáñez, que sabia disto por haver vivido em Goa durante sua juventude, respondeu:

— É uma espécie de mago feiticeiro.

— E disse esse *manti* o que quer? — perguntou Sandokan ao contramestre.

— Segundo disse, veio fazer um sacrifício a Kali-Ghat para que os manes da Índia lhe sejam propícios, pois hoje é a festividade da deusa.

— Diga-lhe para ir para o inferno!

44

— Permita-me observar-lhe, capitão, que ele tem sido recebido a bordo de todas as embarcações que nos rodeiam, inclusive vem acompanhado de um policial indiano, o qual me disse para não rechaçarmos sua visita, se não quisermos ter sérios desgostos.

— Deixe que ele suba, Sandokan — disse Yáñez. — Respeitemos os costumes do país.

— Como é este homem? — perguntou o chefe pirata.

— Trata-se de um velho de aspecto venerável.

— Mande baixar a escada e deixe que ele suba — ordenou Sandokan.

O *manti* já estava a bordo quando instantes depois os dois amigos subiram à coberta. O policial indiano permanecia em uma pequena barca, rodeado de cabritinhos que baliam lastimosamente.

Tal como havia dito Sambigliong, aquele *manti*, médico e mago ao mesmo tempo, era um velho de tez bronzeada e feições angulosas, com a longa barba branca e olhos muito negros e muito profundos.

Na frente, nos braços e no peito levava listas brancas, listas que são o distintivo dos adoradores de Visnú. Estava coberto com um simples "dooté".

— O que quer? — perguntou em inglês Sandokan.

— Desejo fazer o sacrifício da cabra em honra de Kali-Ghat, por ser hoje seu dia — respondeu o *manti*, também em inglês.

— Nós não somos indianos. Não sabe disso?

O velho, com os olhos fechados, fez um gesto de surpresa.

— Então, vocês são o que?

— Isto não lhe interessa.

— Vêm de muito longe?

— Possivelmente.

— Vou realizar o sacrifício para que possam ir sem novidades — disse o velho. — Nenhuma tripulação, mesmo sendo estrangeira, se nega à cerimônia de um *manti*, que pode

45

lançar malefícios sobre quem a recuse. Pergunte ao policial que me acompanha.

— Bem, termine de uma vez! — disse Sandokan.

Aquele velho levava consigo um cabrito completamente negro, e uma bolsa de pele, da qual tirou uma pequena panela que continha uma graxa parecida com manteiga, e dois pedaços de madeira, um delgado e em forma de cunha, e o outro plano, com um buraco no meio.

— São de madeira sagrada — disse o *manti*, mostrando-os a Sandokan e a Yáñez que olhavam com curiosidade o que o velho fazia.

O *manti* meteu a cunha na madeira plana, e por meio de uma pequena correia os fez girar vertiginosamente.

— Agora acenderá o fogo — disse Sandokan.

— Sim, o fogo sagrado para o sacrifício — disse Yáñez. — Quantas superstições há entre estes indianos!

Meio minuto depois se fez a chama no buraco, e ambos os pedaços de madeira começaram a arder.

Então o velho girou lentamente sobre si mesmo e fez quatro genuflexões em direção aos quatro pontos cardeais, dizendo com voz solene:

— Luzes da Índia, de Saurga e de Agui, que iluminam a terra e o céu, ilumine o sangue do holocausto que ofereço a Kali-Ghat, e não o dos homens que aqui vejo!

Em seguida cruzou os dois pedaços de madeira sagrada, deixando que se carbonizassem. Então os colocou em uma prancha de cobre, e verteu em cima deles um pouco da graxa que levava na panela.

A chama se reavivou, e o *manti* pegou o cabrito, tirou uma faca afiada da bolsa, e de um só golpe o decapitou, fazendo que o sangue caísse sobre o fogo.

Assim que a chama se apagou e o sangue deixou de verter, recolheu as cinzas, fez uma sinal com elas na fronte e na barba, e aproximando-se de Sandokan e a Yáñez, os marcou da mesma forma.

— Agora — ele disse — podem partir para o seu distante país sem temor às tempestades, porque estão com vocês o poder de Kali-Ghat e o espírito de Agui.

— Já terminou? — perguntou Sandokan, dando-lhe algumas moedas.

— Sim, "Sahib" — respondeu o velho, olhando fixamente ao Tigre da Malásia. E lançando-lhe então um profundo olhar, perguntou: — Quando parte?

— Por que tanto interesse? — respondeu Sandokan. — Esta é a segunda vez que me faz esta pergunta.

— Costumo fazer esta pergunta a todos os barcos que visito.

Recolheu o cabrito e quando já estava partindo, acrescentou:

— Adeus, "sahib", e que Shiva una sua poderosa proteção à de Kali-Ghat e de Agui.

Em seguida desceu para sua barca, na qual continuava, o esperando, o policial indiano fumando tranquilamente.

※※※

Rapidamente a pequena embarcação se afastou da escada, mas em lugar de continuar descendo pelo rio, aonde havia muitos outros barcos, subiu, passando sob a proa do parau pirata.

Yáñez e Sandokan, que o seguiam com a vista, viram com surpresa que o *manti* abandonava um instante os remos e se voltava para olhar para o alto da popa, aonde, escrito com letras de ouro, brilhava o nome do barco: *"Mariana"*. Depois voltou a empunhar os remos e se afastou velozmente, desaparecendo entre a multidão de veleiros que enchiam o rio.

Os dois homens trocaram olhares, como se tivessem a mesma suspeita.

— O que você acha desse velho? — perguntou o pirata.

— Que essa estúpida cerimônia foi um pretexto para subir a bordo e inteirar-se de quem somos — atestou Yáñez, que parecia muito aborrecido.

— Penso o mesmo que você.

— Parece-me que nos enganaram, Sandokan.

— É possível, mas me recuso a acreditar que os *thugs* saibam que somos amigos de Tremal-Naik e que vimos ajudá-lo. Se assim fosse, seriam demônios ou feiticeiros esses malditos homens, não acha?

— Não sei o que responder, amigo. Aguardemos a chegada de Kammamuri, e ele nos esclarecerá algo de todo este assunto.

— Está inquieto, Yáñez. Por que?

— Se os *thugs* já sabem quais são as nossas intenções e o motivo de nossa viagem, vão nos causar muitos problemas.

— O melhor será que não nos inquietemos antes da hora — disse Sandokan. — Esse *manti* pode ser um pobre diabo que com seus sacrifícios mais ou menos espetaculares busca um meio de ganhar algumas rúpias.

— No entanto — objetou Yáñez, — perguntou duas vezes quando iríamos partir, e mostrou grande interesse no nome de nosso parau. E isto me preocupa.

— Não se terá divertido também o policial à nossa custa?

— O mais provável é que sim. Porque me parece muito estranho a presença desse policial na barca do velho charlatão.

O Tigre da Malásia permaneceu silencioso durante alguns momentos, enquanto passeava sobre a coberta. Então, aproximando-se de Yáñez disse:

— Tenho outra suspeita.

— Qual?

— Talvez o policial fosse um *thug*.

Yáñez olhou para Sandokan.

— Acha isso mesmo?

— Sim, e apostaria meu narguilé contra dois cigarros seus que esse homem não era policial.

O português fez um gesto com a mão.

— Sandokan, deve reconhecer que o Tigre da Índia deu provas, ao menos até agora, de que é mais astuto que o malaio.

49

— De fato — replicou Sandokan, esforçando-se para sorrir. — Bah! Logo teremos nossa desforra! Por outro lado, esse malandro deste *manti*, supondo que seja mesmo um homem de Suyodhana, não conseguiu averiguar nada. Nem quem somos, nem por que motivo estamos aqui.

De repente se deteve, e aproximando-se da amurada de estibordo dirigiu o olhar para uma embarcação que se destacava entre os barcos ancorados em meio do rio.

— O que foi? — perguntou intrigado Yáñez.

— Pensei ter visto a chalupa com a cabeça de elefante em que ontem veio Kammamuri — respondeu Sandokan. — Desapareceu atrás daquele grupo de embarcações, mas não tardará em aparecer.

— A estas horas já devia estar aqui — disse Yáñez. — São nove horas!

Não havia acabado de dizer estas palavras quando viram uma lancha parecida à que havia conduzido Kammamuri na noite anterior. Era dirigida com grande habilidade através daquele labirinto de barcos por quatro remadores e um homem de aparência muçulmana, a julgar pelo traje.

— Será Kammamuri? — perguntou Sandokan. — Porque não há dúvida de que essa chalupa se dirige para aqui.

Efetivamente, a embarcação, que acabava de sair do meio daquela confusão de navios, se dirigia agora rumo ao *Mariana*, navegando com grande velocidade.

Momentos depois chegou ao lado de estibordo do parau e se deteve ao pé da escada. O muçulmano que a guiava trocou algumas palavras com os remadores e subiu a bordo em dois saltos.

❧⊰⊱☙

Uma vez na coberta se inclinou ante Yáñez e Sandokan, que o olharam com surpresa e curiosidade.

— Não me reconhecem? — perguntou o recém-chegado soltando uma gargalhada. — Pois me alegro muito, porque assim poderei enganar também a esses cães *thugs*.

— Meu caro Kammamuri, merece mesmo os parabéns! — disse Yáñez. — Se não tivesse falado, não o teria reconhecido.

— É um magnífico disfarce! — disse Sandokan. — Está completamente diferente. Parece um maometano de Délhi ou de Agra.

De fato, o fiel servidor de Tremal-Naik se havia caracterizado de tal modo, que ninguém o reconhecera com aqueles trajes.

Usava um "purty" em lugar do "dooté" e do "dubgah", vestimenta que à primeira vista se parece bastante à dos turcos ou dos tártaros, ainda que a casaca seja mais curta, e abra no lado esquerdo em lugar de fazê-lo no direito. Também as calças são mais amplas, e o turbante menor e mais baixo na frente.

A fim de completar melhor seu disfarce, Kammamuri havia feito desaparecer o sinal que levam na fronte os seguidores de Visnú.

E como se isto fosse pouco, havia colocado uma formosa barba negra, que lhe dava um aspecto imponente e respeitável.

— Maravilhoso! — repetia Yáñez. — Só faltou um pouco de tecido verde no turbante para que pareça um santo que volta da Meca. Verdadeiramente admirável.

— E os *thugs*, acham que podem me reconhecer?

— Há não ser adivinhos ou diabos, estou certo de que mais ninguém poderá fazê-lo.

— Senhores — disse Kammamuri, — todas as precauções são poucas. Esta manhã vi algumas sombras suspeitas perto da casa de meu patrão.

— Foi seguido? — perguntou Sandokan.

— Creio que não. Tomei minhas precauções.

Kammamuri sorriu satisfeito e prosseguiu:

— Primeiro saí de casa em um palanquim bem fechado e mandei que me levassem ao "strand", onde há sempre uma grande multidão. Ali entrei em uma hospedaria e me disfarcei. Quando saí de meu quarto, nem mesmo os meus criados me reconheceram. A chalupa me esperava no quebra-mar da cidade negra. Creio ser impossível que alguém tenha me seguido.

— Muito cuidado, amigo! Sabe bem que os *thugs* são muito astutos. Nós tivemos a ocasião de comprová-lo há pouco. A estas horas nos vigiam porque sabem que somos amigos de seu patrão.

Kammamuri ficou lívido e fez um gesto de espanto ao ouvir aquilo.

— Isso é impossível! — exclamou indignado.

— No entanto — disse Sandokan, — já tentaram nos assassinar ontem à noite, quando saíamos do palácio de Tremal-Naik.

— Assassinar a vocês?

— Sim, mas fracassaram. Demos dois disparos, e uma das balas sabemos que não se perdeu.

— Essa emboscada, no entanto — interveio Yáñez, — não é o que nos preocupa. O pior é a visita que nos fez há pouco um feiticeiro, com a desculpa de sacrificar um cabrito para nos proteger.

— Um *manti* — disse Sandokan.

Kammamuri empalideceu ainda mais, e levou as mãos à cabeça.

— O senhor disse um *manti*? — gritou.

— Você o conhece? — perguntou com inquietação o chefe pirata.

Por um momento Kammamuri ficou olhando a seus dois interlocutores com os olhos dilatados pelo terror.

— Vamos, fale! — disse Yáñez. — Por que nos olha tão espantado? Quem é esse homem? Você também o viu?

— Como era? — perguntou Kammamuri.

— Velho, alto, com olhos negros e brilhantes e com longa barba branca. Suas pupilas pareciam dois carvões acesos.

— É ele! É ele!

— Explique-se!

— Tenho certeza de que é o mesmo que foi duas vezes à casa de meu patrão para realizar a cerimônia do "putscie", e a quem vi passar duas vezes pela rua, olhando sempre para o palácio! Sim, é alto, velho, tem a barba branca e os olhos como duas brasas!

— O que quer dizer "putscie"? — perguntou Sandokan.

— Explique-se melhor, Kammamuri. Lembre-se de que não somos indianos.

— O "putscie" é a cerimônia que se realiza nas casas em certa época do ano para ter propícia a divindade. Consiste em esfregar nas moradias urina e esterco de vaca, lançar flores e arroz dentro de um balde com água e queimar muita manteiga em lâmpadas colocadas perto do recipiente.

— E o *manti* realizou todas essas cerimônias na casa de seu patrão? — perguntou Sandokan.

— Sim, há uns quinze dias — respondeu Kammamuri. — Não me cabe a menor dúvida de que é o mesmo que veio aqui esta manhã, e que é um espião de Suyodhana.

— Estava acompanhado por um policial indiano.

O Kammamuri fez um gesto de assombro.

— De um policial? — exclamou. — Desde quando um policial escolta aos *manti* e aos brâmanes em suas funções? Creio que isto não foi mais que uma desculpa para se introduzir no parau.

Kammamuri esperava uma explosão de ira por parte do Tigre da Malásia, mas, ao contrário, o pirata não perdeu a calma. Até parecia contente e satisfeito com tudo aquilo.

— Perfeito! — disse. — Desta trapaça espero obter resultados surpreendentes. Você verá!

Então, dirigindo-se a Kammamuri, perguntou:

— Escute, meu bravo Kammamuri, reconheceria esse homem?

— Claro! Agora e dentro de seis anos.

— Eu também — disse o chefe pirata. — Trouxe os trajes que pedi?

53

— Na chalupa tem quatro caixas, com roupas diferentes.
— O que pretende fazer, Sandokan? — perguntou Yáñez.

O Tigre da Malásia demorou uns instantes em responder. Limitou-se a sorrir. Finalmente disse:

— Esse *manti* nos dirá se os *thugs* retornaram a sua antiga residência, e se a pequena Damna está oculta nos subterrâneos de Raimanmal. Nos fazia falta um *thug* para que nos contasse algo, e agora o temos ao alcance da mão. E, por Alá, que ele irá nos contar algo.

— E onde está esse velho? — perguntou Yáñez.

— Não sei, mas o encontraremos logo — respondeu Sandokan.

— Bah! — replicou o português. — Não se esqueça, meu irmão que Calcutá é muito grande e populosa. Seria o mesmo que buscar uma agulha em um palheiro.

— É possível que seja mais fácil do que o senhor acredita — disse então Kammamuri. — Na cidade negra há um templo dedicado à deusa Kali, ao qual vão os *thugs*. Há três dias estão celebrando ali festas em honra de Darma-Ragiae e de sua esposa Drobidé. Não me surpreenderia nada encontrar ali a esse *manti*.

— Isso seria uma grande sorte — disse o chefe pirata. — Quando começa a festa?

— À noite.

— Vai regressar ao palácio de seu patrão?

— Não. Disse que não me esperasse. Além disso, ele estará aqui antes do amanhecer. A fim de poder se mover com toda a tranquilidade, está decidido a se refugiar no parau.

— Eu queria justamente propor-lhe isto. Não há dúvida de que aqui estará mais seguro que em seu palácio. Além disso, sua presença pode ser-nos muito necessária.

Sandokan fez um gesto significativo e acrescentou rindo:

— Agora vamos comer, logo iniciaremos nossa busca. Se esse velhaco cair em nossas mãos, daremos o primeiro susto no bandido deste Suyodhana. Mas, e os elefantes?

— Já foram buscá-los. Dentro de alguns dias os teremos à nossa disposição.

— É preciso que os *thugs* não os vejam, para que não suspeitem que nossa intenção é entrarmos na selva.

— Ordenei que os levassem a um bangalô que está perto de Kgari, a última aldeia dos Sunderbunds.

— Bem, amigos, agora vamos comer. O dia foi muito agitado e precisamos repor nossas forças.

V
A Festa de Darma-Ragiae

Ao entardecer o baleeiro se apartou do parau pirata e remontou o rio ao impulso de oito remadores malaios escolhidos entre os mais fortes e valentes da tripulação do *Mariana*.

Sandokan, Yáñez e Kammamuri iam sentados na popa. Os três com trajes muçulmanos. Sambigliong, o contramestre do parau, estava vestido da mesma forma.

Aparentemente não levavam arma alguma, mas, a julgar por certos volumes nas casacas, iam formidavelmente armados, tanto por armas brancas como de fogo. Junto aos afiados e temíveis cris, levavam pistolas de cano comprido.

Rapidamente, o baleeiro chegou ao embarcadouro da cidade branca, a via mais formosa e frequentada de Calcutá, que se prolonga até a explanada do forte William, e está flanqueada por palácios e jardins que nada têm que invejar aos europeus.

Pouco depois passou diante do quebra-mar, aonde se sucediam os elegantes bangalôs, rodeados de jardins pequenos, mas artisticamente dispostos.

Uma hora mais tarde chegaram na cidade negra, que não é outra coisa que uma aglomeração imensa de casas de madeira e grandes cabanas. Além disso, conta com poucos monumentos dignos da grandiosa arquitetura indiana, que de modo tão majestoso se mostra em Benares, Délhi, Agra e outras cidades da Índia.

Dos esplêndidos palácios e bangalôs ingleses, dos iluminados e brilhantes comércios, das igrejas anglicanas e dos teatros da cidade branca, se passa de imediato aos pagodes meio destruídos, às cabanas miseráveis, aos bazares escuros e malcheirosos, e às ruazinhas tortuosas e cheias de lodo e sujeira.

Tudo é ruína e miséria na antiga cidade indiana. Cabanas e casinhas feitas de pedra e adobe mal cozido, e com tábuas pregadas de qualquer maneira, se alinham de forma desigual, pelo espaço de alguns quilômetros.

As ruas estão divididas por calçadas estreitas, muito perigosas de andar pela noite, apesar da constante vigilância da polícia inglesa e indiana.

Eram oito horas quando Sandokan, Yáñez, Kammamuri e Sambigliong desembarcaram no quebra-mar da cidade negra.

A esta hora o rio estava cheio de "pinassas" procedentes do alto Gânges e de barcas de pescadores.

Havia muita animação, apesar de ser um pouco tarde. Das embarcações saltavam à terra gente que acudia das aldeias e povoados próximos para assistir à festa de Darma-Ragiae. Ao longe já se ouvia o retumbar constante e monótono dos tambores.

— Creio que chegaremos a tempo de ver a dança do fogo — disse Kammamuri. — Esta noite muitos pés se queimarão, porque esta festa é a mais importante e a última.

Desembarcaram e se uniram à multidão que caminhava compacta pelas estreitas e lamacentas ruazinhas, pouco iluminadas.

Depois de se deixarem levar durante quase meia hora pela turba de curiosos e devotos, chegaram a uma ampla praça iluminada por tochas.

De um lado da praça havia um velho pagode indiano. Tinha a forma de uma pirâmide truncada, adornada com colunas, cabeças de elefante, animais fabulosos e monstruosas divindades.

Aquela praça estava cheia de brâmanes, "sudras", bateleiros e gente do povo. No meio, no entanto, havia um espaço quase vazio, ocupado somente por pelotões de sipaios.

No meio ardiam fogueiras, que despediam muito calor. Sandokan abriu passagem por entre aquela multidão de curiosos e fanáticos.

— O que estarão assando nessas fogueiras? — perguntou curioso.

— Pés, senhor — respondeu Kammamuri.

— De elefante? Escutei dizer que as patas de elefantes são uma delícia. Eu nunca provei.

— Pés humanos, capitão — disse Kammamuri. — O senhor já verá que espetáculo mais impressionante!

E colocando-se em marcha, acrescentou:

— Já que temos tempo, vamos para o pagode, se é que conseguiremos chegar, com tanta gente aqui!

Abrindo passagem com grande dificuldade, alcançaram por fim a primeira escada que conduzia ao pagode, mas foram detidos por uma muralha humana que não era possível romper.

Daquele terraço, no entanto, podiam assistir a todas as cerimônias que se realizassem ante a estátua exterior do templo.

Todos os pagodes indianos têm duas estátuas, que representam a mesma divindade, sendo que uma está colocada no exterior, e a outra dentro do edifício.

Os devotos que querem cultuar a estátua que está no interior do templo têm que entregar as oferendas aos sacerdotes, que são os únicos que podem se aproximar dela.

Esta estátua interior é lavada com leite de vaca ou com azeite de coco perfumado, e rodeada de flores e grinaldas.

O povo tem que se contentar em ver de longe o ídolo interior, e se dão por muito contentes quando conseguem adquirir uma folha das flores que o ornaram, e que os sacerdotes, ao terminar as festas, repartem entre a multidão.

Os sacerdotes haviam acendido grande número de tochas perto das estátuas de Darma-Ragiae e de Drobidé, sua mulher.

Entretanto, numerosos músicos, melhor dizendo, de tambores, redobravam com entusiasmo seus respectivos instrumentos, os quais tinham diferentes tamanhos.

E enquanto os gongos faziam ouvir seus escuros sons, castigando os ouvidos de todos que não eram indianos, casais de bailadeiras dançavam fazendo ondular graciosamente seus véus bordados de prata e ouro.

Sandokan e seus companheiros se detiveram no terraço durante alguns instantes, olhando com atenção para a multidão, esperando ver o velho *manti*.

Quando se convenceram da impossibilidade de descobrir alguém entre aquele mar de cabeças humanas, decidiram voltar ao centro da praça.

— Temos de buscar um bom local perto das fogueiras — disse Kammamuri a Sandokan.

— Por que?

— Porque tenho certeza de que encontraremos o *manti* no cortejo da deusa Kali. Se é, como supomos, um *thug*, estará na procissão, vocês verão!

— Mas, esta não é a festa de Darma-Ragiae? — perguntou Yáñez.

— Sim, mas como o pagode está dedicado a Kali, também levarão na procissão a monstruosa estátua da sanguinária deusa.

Abrindo passagem a empurrões e cotoveladas, os quatro homens conseguiram chegar até o centro da praça, que estava coberta de carvões em brasa. Alguns indianos moviam grandes leques, para manter as chamas.

— Os adoradores de Darma-Ragiae passarão sobre estas brasas? — perguntou Yáñez.

— Sim. Eles correm por cima delas — respondeu Kammamuri.

— Pelo visto — disse Sandokan, — é um prazer, como outro qualquer, queimar as plantas dos pés.

— É que isso lhes permitirá ganhar o "kailasson".

— O que é isso? — perguntou o chefe pirata.

— O paraíso, senhor.

— Pois eu o deixo a essas pessoas de muito boa vontade! — replicou rindo o Tigre da Malásia. — Prefiro conservar meus pés intactos a ir a esse paraíso!

Rapidamente se produziu um grande murmúrio. Naquele preciso instante saía a procissão do pagode para conduzir os devotos à prova do fogo.

Na enorme massa de gente se abriu um espaço, e uma nuvem de dançarinas entrou, seguidas por homens com tochas e os músicos.

— Mantenham-se todos perto de mim — disse Kammamuri. — E, sobretudo, não vamos perder este lugar. Daqui poderemos ver tudo.

No entanto, durante breves momentos se viram envoltos em um movimento da multidão, mas conseguiram voltar logo a seu lugar, quase nos limites das enormes fogueiras.

Depois de descer a escadaria, a procissão avançou rumo ao centro da praça, precedida sempre pelas dançarinas, músicos e uma nuvem de brâmanes que recitavam cantos em honra e glória de Darma-Ragiae e de Drobidé.

Em seguida iam as duas estátuas da divindade, uma de pedra e outra de cobre dourado, esta levada em palanquim por vários fiéis.

Ao final, a estátua da deusa Kali, a protetora do pagode, entalhada em pedra azul e coberta de flores.

A esposa do feroz Shiva, o deus exterminador, aparecia representada por uma mulher negra com quatro braços e suas correspondentes mãos; uma das quais sustinha uma cabeça cortada, enquanto que a outra brandia um punhal. Um colar de crânios humanos descia do pescoço até os pés, e um cinturão de mãos cortadas lhe cingia a cintura. A língua estava de fora, e os artistas indianos a haviam pintado de vermelho vivíssimo, vermelho sangue.

Um gigante ia deitado aos pés da deusa, e a ladeando, duas jovens extremamente delgadas, e cobertas unicamente por seus cabelos.

Uma daquelas mulheres parecia beber em um crânio humano. A seus pés havia um corvo com o bico aberto.

A outra figura mordia ferozmente um braço, e uma raposa a olhava como reclamando sua parte naquele festim.

— É essa a deusa dos *thugs*? — perguntou Sandokan em voz baixa.

— Sim, capitão — respondeu Kammamuri.

— Certamente não podiam inventar outra mais horrorosa.

— É a deusa da morte e a destruição.

— Sim, estou vendo. Uma deusa que espanta. Não me convence — disse Sandokan.

— Atenção, capitão! Abra bem os olhos agora, porque se o *manti* está aqui, não deve estar longe da estátua de Kali. É possível que seja um dos que a conduzem na procissão.

— Esses homens que rodeiam a deusa, são todos *thugs* de Suyodhana? — perguntou o chefe pirata.

— Quase certo — respondeu Kammamuri. — Além disso repare como cuidam de ocultar o peito, apesar de estarem meio desnudos.

— Naturalmente, para que ninguém lhes veja a tatuagem dos *thugs*! — disse Sandokan.

— Assim é, capitão. Mas, olhe! É ele! Não me enganei! — disse Kammamuri.

Kammamuri apertava o braço do chefe pirata, enquanto apontava um velho que caminhava diante da estátua da deusa, tocando um instrumento chamado "bin".

Yáñez e Sandokan refrearam um grito de surpresa e de raiva ao reconhecer o *manti*.

— Esse é o homem que veio a bordo do parau — disse o português, sem apartar a vista do velho.

— E o mesmo que fez as cerimônias do "putscie" no palácio de Tremal-Naik — disse Kammamuri.

— Sim, é o *manti*! — afirmou Sandokan.

E voltando-se para seu contramestre, perguntou:

— Você o reconhece, Sambigliong?

— Sim, capitão. Esse é o velho que degolou o cabrito em nosso parau — respondeu o malaio. — Não tenho a menor dúvida.

O Tigre da Malásia fez um gesto para que todos se aproximassem e lhes disse em voz baixa:

— Amigos, já que tivemos a sorte de encontrá-lo, não o deixemos escapar. Tenho vontade de conversar com ele.

— Prometo que não o perderei de vista, senhor — respondeu Sambigliong. — Se for preciso, o seguirei inclusive por cima das brasas.

— Rápido! Vamos nos misturar ao cortejo da divindade — disse Sandokan.

E todos eles, com um terrível empurrão desceram as primeiras filas de espectadores, indo se misturar com os devotos de Kali que rodeavam a estátua.

O *manti* estava a alguns passos diante deles. Era fácil segui-lo com a vista, porque sua estatura o fazia se destacar sobre os demais.

Entre um ruído ensurdecedor de cânticos, gritos dos fanáticos, soar dos gongos e bater de tambores, a procissão deu a volta perto das fogueiras. Logo se deteve ante o pagode, formando uma espécie de quadrilátero enorme.

Kammamuri e seus acompanhantes se aproveitaram da confusão reinante para se colocar atrás do *manti*, que ocupava a primeira fila ao lado da deusa Kali, que havia sido depositada no chão. O chefe dos brâmanes fez um sinal com a mão. Imediatamente os músicos deixaram de tocar e as dançarinas suspenderam suas danças. Da multidão saiu então como que um imenso bramido de expectativa. Em seguida, cerca de quarenta homens meio desnudos, empunhando enormes leques, se dirigiram para o fogo.

A atmosfera era quase irrespirável e as colunas de fumaça se retorciam no ar.

O curioso era que todos aqueles homens, verdadeiros fanáticos que se dispunham a suportar a prova do fogo para se redimir de seus pecados, não pareciam emocionados ante a perspectiva das dores que iam enfrentar.

Enquanto invocavam com uivos e gritos selvagens a proteção de Darma-Ragiae e de sua esposa, colocaram cinza quente na fronte, e em seguida se lançaram com os pés desnudos sobre os carvões em brasa.

Os tambores, gongos e instrumentos de sopro, retornaram à sua infernal e descompassada música, com objetivo talvez de abafar os gritos de dor que proferiam aqueles infelizes.

Alguns atravessaram correndo a camada de carvão ardente. Outros, ao contrário, caminhavam lentamente, sem manifestar dor alguma. E no entanto, era certo que sentiam as horríveis queimaduras, porque de seus pés saía fumaça, e pela atmosfera se sentia um nauseabundo odor de carne assada.

— São uns loucos — exclamou Sandokan indignado.

Deve ter dito em voz muito alta, porque ao escutá-lo o *manti*, que se encontrava diante do pirata, se voltou. E por um breve instante seu penetrante olhar se fixou em Sandokan e seus companheiros.

Mas logo voltou os olhos para outro lado, sem que seu rosto mostrasse a menor alteração.

O Tigre da Malásia notou aquele olhar penetrante e agudo como um punhal, e, como se buscasse ajuda, apertou fortemente a mão de Yáñez que estava a seu lado.

— Temos de ter muito cuidado — murmurou em malaio. — Temo que esse homem nos tenha reconhecido.

— Não creio — respondeu o português. — Senão, ele não estaria tão tranquilo, e já teria procurado se afastar daqui.

— Não acredite nisso! Esse velho sabe o que faz! Se tentar fugir, eu vou atrás.

— Acaso está louco? Não se esqueça que estamos em meio de uma multidão de fanáticos, e os sipaios que estão aqui são muito poucos para nos proteger, se formos atacados. Não estamos na Malásia, assim, é melhor sermos prudentes.

— De acordo, mas, já que o encontramos, prometo que não o deixarei escapar assim facilmente.

— Não se preocupe. Nós o seguiremos, e verá como poremos a mão neste malandro. Mas, se não queremos perder o negócio, precisamos agir com muita prudência. Entendido?

Entretanto, outro grupo de penitentes, animados pelos gritos de entusiasmo dos espectadores e convidados pelos sacerdotes, que lhes prometiam toda a alegria e felicidade sem conta do "kalaisson", atravessavam o braseiro com decisão heroica.

Quase todos aqueles infelizes chegavam ao outro extremo, meio asfixiados pelo calor, e com os pés tão queimados que não podiam andar.

Mas apesar de tudo, não exteriorizavam as terríveis dores que os martirizava. Antes ao contrário, se esforçavam em demonstrar grande alegria. Havia alguns inclusive que, possuídos de uma exaltação incompreensível, voltavam a passar sobre as brasas, dando saltos como feras enfurecidas e bailando rindo como se aquilo, em vez de dor, lhes proporcionasse prazer.

Mas aquelas carreiras de loucos através das brasas, não interessava grande coisa nem a Sandokan, nem a seus acompanhantes.

Toda a sua atenção estava concentrada no *manti*, como se temessem que fosse desaparecer de repente entre a multidão.

A verdade era, no entanto, que o velho não havia tornado a olhá-los. Parecia encontrar-se muito entretido vendo os grupos de penitentes se sucedendo na horrível prova do fogo.

Mas não devia estar muito tranquilo, porque de quando em quando enxugava o suor que corria pela fronte, e se agitava, como se estivesse a contragosto entre a multidão, que por todos os lados o oprimia e empurrava.

Quando estava a ponto de acabar a festa, aconteceu algo que deixou estupefatos a Sandokan e a seus amigos.

Todos viram como o *manti* erguia o "bin", e, aproveitando um instante em que os músicos descansavam, fez vibrar as cordas de seu instrumento, tocando somente as de aço, arrancando delas algumas notas estridentes e agudíssimas.

Tanto é assim, que puderam se escutar perfeitamente em todos os ângulos da enorme praça, produzindo entre os homens que rodeavam a estátua de Kali uma intensa emoção.

O chefe pirata deu uma cotovelada em Yáñez.

— Escutou? O que significam essas notas? — perguntou. — Não será um sinal? Pergunte a Kammamuri.

Mas Kammamuri não teve tempo de responder, porque imediatamente se escutaram ressoar na direção do pagode três notas vigorosas, que pareciam de trompa, enquanto a multidão se postava silenciosa ante os ídolos.

Kammamuri soltou um grito abafado e exclamou medroso:

— Vamos fugir, Sandokan! É o "ramsinga" dos *thugs*! Seu toque significa morte! E estou certo de que toca por nós! Vamos fugir!

Sandokan o olhou sorridente.

— Por que temos de fugir? Nós? Os tigres de Mompracem não voltam as costas jamais a quem quer luta! Muito bem; eles a terão! Não é verdade, Yáñez?

— Claro, irmão! — respondeu o português.

E depois de acender tranquilamente um cigarro, agregou:

— A mim me parece que não viemos aqui para assistir somente às cerimônias religiosas! Temos outra missão a cumprir!

— Capitão — disse Sambigliong, com ar decidido, — o senhor quer que eu mate esse velho com meu cris?

— Calma, meu tigre! — respondeu o chefe pirata. — Preciso desse homem vivo, porque seu cadáver não me serve para nada!

— Sim, senhor. Mas se o senhor quiser, me apodero dele e o levo carregado no ombro.

Sandokan sorriu placidamente ao ouvir as palavras de seu fiel contramestre.

— Talvez; mas não aqui — respondeu.

Baixou logo a voz e disse a seus companheiros:

— A festa terminou, meus amigos. Agora, atenção ao velho, e preparem as armas. Vocês verão como vamos nos divertir!

VI
A BAILARINA

As estátuas de Kali e de Darma-Ragiae foram conduzidas de novo ao pagode pelos sacerdotes, acompanhados dos músicos e dançarinas, e dos que haviam passado pela prova do fogo.

Pouco a pouco a praça ia ficando vazia, sem o infernal ruído de antes, nem o nauseabundo odor de carne queimada.

Enquanto tocava o "bin", o *manti* seguiu acompanhando a estátua de Kali até a escadaria. Mas assim que chegou ao primeiro patamar, em lugar de subir ao pagode, girou de repente e se misturou entre um grupo de pessoas.

Ao que parece, esperava sumir do olhar dos quatro falsos muçulmanos, que o vigiavam de perto.

O velho se perdeu por uma ruazinha que parecia rodear a pagode, correndo o quanto podia.

Aquela manobra, no entanto, não havia passado despercebida para Sandokan e seus companheiros. Com a mesma rapidez chegaram à entrada da ruazinha, a tempo de ver como o *manti* se afastava rente aos muros das casas, tratando de não ser visto.

— Vamos atrás dele! — gritou Sandokan. — Ele não pode escapar!

A rua era muito estreita, e estava cheia de lodo, e como os moradores não haviam iluminado os balcões, a escuridão a fazia mais negra ainda.

O Tigre da Malásia e seus três companheiros espreitavam a passagem para não perder de vista ao *manti*.

Como estavam muito perto da praça, não queriam capturá-lo ainda, já que ele podia gritar, atraindo alguém em sua ajuda, talvez aqueles que levavam a estátua de Kali.

Ainda que o velho corresse, seus perseguidores iam ganhando terreno rapidamente. De repente, quando já estavam a uns trezentos passos do pagode, de uma rua lateral saíram algumas dançarinas com timbales e longas faixas nas mãos.

Iam escoltadas por dois rapazes que levavam tochas. As dançarinas eram cerca de trinta, todas elas jovens e bonitas, de olhos de fogo e longos cabelos negros ondulados, espalhados sobre os ombros e costas.

Vestiam roupas de musselina transparente e se adornavam com colares e braceletes de ouro. Enquanto com uma mão giravam no alto rapidamente as faixas de seda, com a outra agitavam um pequeno timbale ou pandeiro.

Em um abrir e fechar de olhos, aquelas jovens, que pareciam possuídas por uma louca alegria, rodearam aos quatro homens bailando e saltando alucinadamente perto deles, e agitando sempre no alto as faixas, como se quisessem impedir que vissem ao *manti*, nem pudessem tampouco segui-lo.

Sandokan gritou rapidamente:

— Passem, jovens! Temos pressa!

Em lugar de obedecer, as dançarinas responderam com uma gargalhada, e se aproximaram mais dos quatro homens, envolvendo-os de tal maneira que os impediam quase de se mover.

O chefe pirata começou a perder a paciência ao ver que não via o *manti* através da nuvem de faixas que as dançarinas faziam revolutear.

— Vamos, ande logo! — gritou.

— Ou rompemos o cerco, ou o velho nos escapará! — gritou Yáñez. — Estas jovens tentam protegê-lo!

Mas no momento em que iam se lançar contra as dançarinas viram que estas se agachavam deixando cair as faixas, e que uns dez ou doze homens faziam voltear no ar os laços e os lenços de seda negra com a bola de chumbo dos *thugs* nas pontas.

Sandokan deu um grito de raiva.

— Os *thugs*! — exclamou. — Vamos atacar, pela morte de Alá!

E rapidamente empunhou na mão direita uma cimitarra curta que levava na faixa, e com a esquerda uma pistola de dois canos.

Depois de cortar vários laços que iam cair-lhe em cima, disparou dois tiros a queima-roupa contra os homens que tinha diante.

Também Yáñez, Sambigliong e Kammamuri, refeitos da surpresa, dispararam suas armas.

Os *thugs* não tentaram resistir. Depois de lançar em vão os laços e lenços, debandaram ante aquela carga tão rápida, fugindo, seguidos das dançarinas, que não corriam menos que eles.

Quatro cadáveres ficaram no chão, iluminados por uma das tochas.

— Outra vez nos enganaram! — exclamou Sandokan. — O pior é que o *manti* desapareceu como que tragado pela terra.

— Uma bela emboscada nos armaram! — disse Yáñez.

E enquanto tornava colocar as armas em sua faixa, acrescentou:

— Jamais pude imaginar que essas jovens tão bonitas fossem aliadas desses estranguladores. As malditas faziam revolutear as faixas para que não pudéssemos ver os *thugs* que se aproximavam. Não cabe dúvida de que a aventura é cômica, não é?

—Sim, tem razão — respondeu Sandokan. — Mas por pouco termina de modo trágico.

— O que diz de tudo isto, Kammamuri? — perguntou o português.

— Só que o *manti* soube fugir habilmente das nossas mãos.

— Esse velho não tem nada de tonto!

— E por que não o seguimos? — disse Sambigliong. — É possível que não tenha se afastado muito.

— Bah! Quem sabe onde estará a estas horas! — disse Sandokan. — Perdemos de novo a partida. O melhor que temos a fazer é voltar ao parau.

— Sim. Vamos descansar. Estamos precisando — acrescentou Yáñez.

O Tigre da Malásia apertou os punhos e disse com raiva:

— Temos que encontrar essa raposa velha! Precisamos desse homem, ainda mais agora, que temos certeza que é um *thug*! Eu prometo que não sairemos de Calcutá sem que caia em minhas mãos!

— Vamos, Sandokan! — disse Yáñez. — É muito perigoso ficar aqui. Os *thugs* podem voltar à carga e dar-nos um desgosto.

O chefe pirata pegou a tocha que havia caído na fuga de um dos rapazes, e que todavia estava ainda acesa, mas ao iniciar a marcha se deteve ao escutar um débil gemido.

Rapidamente levou a mão à cimitarra e se dispôs ao ataque.

— Aqui há algum *thug* que não matamos! — disse.

— O melhor será levá-lo — disse Yáñez. — Um prisioneiro *thug* nos seria de grande utilidade. Não acha?

— Tem razão, meu amigo!

Voltaram a ouvir novamente o gemido. Vinha do ângulo da rua lateral, por onde haviam desembocado as dançarinas.

Sandokan disse a Sambigliong e Kammamuri:

— Carreguem as pistolas e fiquem alerta.

Dirigiu-se, seguido de Yáñez, para a rua. Ali viu caída no chão uma bela dançarina, que fazia grandes esforços para se levantar e tentar fugir.

Tratava-se de uma belíssima jovem ligeiramente bronzeada, feições doces e finas, grandes olhos muito negros, e longos cabelos trançados com fitas de seda azul e flores de tecido.

Seu corpo, fino e flexível como um junco, estava coberto por um magnífico traje de seda rosa com pequenas pérolas.

Aquela pobre moça estava ferida no peito, de onde brotava uma mancha de sangue.

Quando a jovem viu aparecer os dois "tigres" de Mompracem, cobriu o rosto com as mãos.

— Perdão! — murmurou.

— Que linda jovem! — exclamou Yáñez, impressionado pela graça e a expressão doce daquele rosto. — Estes *thugs* são muito afortunados, têm dançarinas muito bonitas!

— Perdão! — repetiu a jovem.

— Não tenha medo! — respondeu Sandokan.

E enquanto se inclinava sobre a dançarina e aproximava a tocha para vê-la melhor, acrescentou:

— Nós não matamos mulheres! Onde está ferida?

— Aqui... no peito... "sahib"... Uma bala...!

— Deixe-me ver, moça. Nós também entendemos de feridas, e quando é necessário, sabemos curá-las.

De fato, no lado direito tinha uma ferida de bala, a qual havia deslizado sobre uma costela, produzindo um ferimento mais doloroso que grave. A jovem tinha tido sorte.

— Mocinha — disse Sandokan, — estará curada dentro de oito dias. Agora o que temos que fazer é estancar o sangue.

Depois tirar do bolso um lenço de linho finíssimo, o atou com força ao redor do peito da dançarina. Então a levantou.

— Por agora, basta — disse. — Aonde quer que a levemos? Deve saber que não somos amigos dos *thugs*, e me parece que eles não virão ajudá-la agora.

A jovem não respondeu. Seus lindos olhos se fixavam em Sandokan e Yáñez, assombrada de que aqueles dois homens, a quem ela havia prejudicado, a tivessem ajudado.

— Responda — disse Sandokan. — Aonde quer ir? Porque você deve ter casa, família, alguém que se interesse por você, não é verdade?

71

— Quero que me leve com você, "sahib"! — respondeu a dançarina por fim, com voz trêmula. — Não me deixe outra vez com os *thugs*! Esses homens me dão medo!

Yáñez não tirava nem um momento os olhos da moça.

— Sandokan — disse, — ela pode nos ser útil. Talvez nos dê notícias interessantes! Vamos levá-la conosco ao *Mariana*.

— Tem razão, irmão! — E gritou: — Sambigliong, venha correndo!

— Aqui estou, capitão! — respondeu o malaio, aproximando-se depressa.

— Carregue esta moça e siga-nos — ordenou o chefe pirata. — Tenha cuidado, porque está ferida e sangra ainda.

O contramestre tomou entre seus fortes braços a dançarina.

— Vamos! — disse o Tigre da Malásia voltando a pegar a tocha. — Olhos bem abertos, e as pistolas preparadas!

⊱✧⊰

Depois de atravessar várias ruas sem o menor percalço chegaram à margem do rio, onde estava o baleeiro, guardado pelos malaios.

— Coloquem essa jovem na popa — ordenou Sandokan e deu o sinal de partida para o parau.

Yáñez se havia sentado em frente à jovem, e contemplava atentamente a luz brilhante de seus negríssimos olhos e a fascinante beleza de seu rosto.

— Por Júpiter! — murmurava para si mesmo. — Jamais conheci uma mulher tão linda! Por que estaria com esses sanguinários estranguladores?

Como se Sandokan tivesse adivinhado o que pensava seu amigo, se voltou para a jovem, que estava sentada a seu lado.

— Você também é uma adoradora de Kali? — perguntou.

A jovem balançou a cabeça negativamente, enquanto sorria tristemente.

— Então, como é que estava com esses bandidos?
— Me compraram quando minha família se desfez — respondeu a dançarina.
— Para fazer de você uma dançarina?
— Sim.
— E onde vivia?
— No pagode, "sahib".
— Não gostava de ficar lá?
— Não, por isso preferi segui-los. Lá, com frequência, se realizam coisas atrozes para satisfazer a insaciável sede da divindade.
— Diga-me então, para que enviaram você e suas companheiras contra nós?
— Para impedir que seguissem o *manti*.
— Ah! Você conhece esse bandido? — perguntou o chefe pirata.
— Sim, "sahib".
— É verdade que ele é um dos chefes dos *thugs*?
A dançarina olhou fixamente para Sandokan, sem responder. Uma grande ansiedade se pintou ao mesmo tempo sobre seu lindo rosto.
— Responda! — ordenou Sandokan.
— Os *thugs* matam a quem revela seus segredos, "sahib"! — respondeu a jovem, com voz trêmula.
— Nós saberemos defendê-la contra todos os *thugs* da Índia — disse o chefe pirata. — Vamos, fale! Quero saber quem é esse homem.
— Os senhores são inimigos dos *thugs*?
— Sim — respondeu Sandokan. — Viemos à Índia para enfrentá-los e castigar seus muitos crimes. E não sairemos daqui até termos conseguido isto.
— É verdade, esses homens não são mais que assassinos — disse a moça.

— Então, diga-me, quem é esse *manti*?

— É a alma condenada do chefe dos *thugs* — respondeu a dançarina.

— Suyodhana! — exclamaram ao mesmo tempo Sandokan e Yáñez.

— Vocês o conhecem? — perguntou desconfiada a jovem.

— Não, mas não demoraremos muito em fazê-lo — disse o Tigre da Malásia.

Dirigindo-se para seu amigo, prosseguiu:

— Escute, Yáñez, precisamos desse homem agora mais que nunca, e não iremos aos Sunderbunds sem antes o termos capturado. Eu lhe asseguro que esse velho irá falar, nem que tenha que aplicar-lhe o pior tormento para que diga tudo o que sabe.

A jovem olhava o chefe pirata com terror e ao mesmo tempo com profunda admiração. Perguntava-se em seu interior como se atreveria um homem sozinho a desafiar o formidável poder dos seguidores de Kali, os temíveis estranguladores.

— Tem razão — respondeu Yáñez. — Esse *manti* nos faz falta para seguir adiante com nossa empresa — e voltando-se para a dançarina, acrescentou: — Mas você, formosa jovem, não pode nos dizer onde fica o esconderijo dos *thugs*? Dizem que retornaram aos subterrâneos de Raimanmal. É verdade isso?

— Não sei, "sahib" branco — respondeu a moça. — Ouvi dizer que retornaram ao "Pai das sagradas águas do Gânges", mas não sei onde possa estar, se nas matas dos Sunderbunds ou em outro local.

— Já esteve no interior desses subterrâneos? — perguntou Sandokan.

— Fui educada como dançarina ali dentro — respondeu a moça. — Depois me destinaram ao pagode de Kali e de Darma-Ragiae.

— E não tem ideia de onde podemos encontrar o *manti*? — perguntou Sandokan. — Ele vive no pagode ou em outro local?

— No pagode só o vi poucas vezes. Mas vocês podem voltar a vê-lo dentro em pouco.

— Onde? — perguntaram ao mesmo tempo Yáñez e Sandokan.

— Nas margens do rio Ganges se realizará, dentro de três dias, um "oni-gomon".

— Quem tomará parte nesta cerimônia? — perguntou Yáñez.

— As "nastachi" e as dançarinas, e certamente o *manti* não faltará.

— E o que é esta cerimônia do "oni-gomon"? — perguntou Sandokan, interessado.

— Trata-se de queimar a viúva de Rangi-Nin sobre o cadáver de seu marido.

— Quem era esse personagem? — quis saber Sandokan.

— Um dos principais chefes dos temíveis *thugs* — respondeu a moça.

— E eles a queimam viva?

— Sim, "sahib".

— E a polícia anglo-indiana consente em semelhante ato? — voltou a perguntar o chefe pirata.

— Sim. Têm medo das consequências.

— Eu pensava que esses horríveis sacrifícios humanos estavam extintos.

— Apesar da proibição das autoridades inglesas, ainda são realizados. Muitas viúvas são sacrificadas nas margens do Gânges.

— Em que lugar? — perguntou Yáñez.

— Nas margens de um espesso bosque, bem perto de um velho pagode quase destruído, e que antigamente estava destinado ao culto da deusa Kali.

— Acha que o *manti* tomará parte nesta cerimônia? — perguntou Sandokan.

— Certamente, "sahib".

— Dentro de três dias já estará em condições de andar e de nos conduzir ao local.

— O que pensa fazer, Sandokan? — quis saber Yáñez.

— Prepararemos uma emboscada para o *manti* e veremos se desta vez poderá escapar. Decididamente, caro Yáñez, a sorte nos sorri.

Naquele momento, o baleeiro chegava sob a popa do *Mariana*.

Sandokan gritou aos homens que se encontravam de guarda:

— Baixem a escada!

Rapidamente subiu à coberta, e um homem caiu nos braços de Sandokan, que o esperava em pé.

— Tremal-Naik! — exclamou emocionado o chefe pirata.

— Estava inquieto por você! — disse Tremal-Naik.

—Tem algo para me contar? — perguntou Sandokan.

— Poucas coisas.

— Então, siga-me à câmara, que tenho boas notícias para você, meu amigo. Não perdemos tempo inutilmente!

VII
UM DRAMA INDIANO

Sandokan e Yáñez colocaram a formosa dançarina em um dos camarotes e se apressaram em cuidá-la com o maior cuidado.

Três dias mais tarde se encontrava em condições de conduzir seus protetores até o velho pagode aonde devia acontecer o "oni-gomon".

Durante aqueles três dias a moça se mostrou muito contente de se ver em tão cômodo e elegante camarote e entre seus novos protetores, de quem se havia feito entusiasta aliada, dando-lhes interessantes informações e contando-lhes curiosas particularidades da sanguinária seita dos *thugs*.

No entanto, nada havia podido dizer da nova virgem do pagode, a pequena Damna, da qual não havia escutado falar até aquele momento.

Por outro lado, a jovem mostrava um reconhecimento especial para o "sahib" branco, como chamava ao fleumático Yáñez, que se havia convertido em seu enfermeiro, e que passava o dia falando com ela, porque ela se expressava em um inglês quase perfeito, o que revelava sua esmerada educação, coisa muito rara entre as dançarinas.

Tremal-Naik atentou para este detalhe, já que por sua condição de indiano, e, sobretudo, de bengali, conhecia melhor que ninguém as dançarinas de seu país.

— Sem dúvida esta moça — disse a Yáñez e a Sandokan, — deve ter pertencido a uma casta elevada. Ela é quase branca, a finura de suas feições, e a pequenez de seus pés e de suas mãos...

— Tentarei descobrir algo — replicou Yáñez. — É possível que haja em sua vida alguma história interessante para se saber.

Perto do meio-dia, enquanto Sandokan e Tremal-Naik escolhiam os homens que deviam tomar parte na expedição, Yáñez foi ao camarote para visitar a moça.

Esta não parecia sentir dor alguma, a julgar pelo sorriso de seus lábios e a doçura de seu olhar. De fato, estendida em uma cômoda e macia poltrona, parecia estar submersa em um doce sonho.

Mas quando viu o português se levantou, apoiando-se no encosto, e lhe dirigiu um olhar de simpatia:

— Agrada-me muito vê-lo, "sahib" branco — disse com voz doce. — A você, antes que ao "sahib" bronzeado, devo a liberdade, e talvez também a vida. Obrigado por tudo.

— Esse "sahib" bronzeado, como você o chama — disse Yáñez sorrindo, — é muito bom, talvez muito melhor que eu. A nós dois deve a liberdade e a vida, moça. Bom, como está essa ferida?

— Muito bem, "sahib"! Não sinto dor alguma desde que suas mãos aplicaram os remédios.

— Isso me agrada — disse Yáñez. — Escute, sabe que ainda não nos disse seu nome?

— Quer mesmo saber meu nome, "sahib"? — perguntou sorrindo a jovem. — Me chamo Surama.

— Você é de Bengala?

— Não, "sahib". Sou asamita, de Goalpara.

— Disse que sua família havia desaparecido.

Ao ouvir estas palavras, o rosto da moça anuviou-se, e uma tristeza infinita assomou a seus negros olhos.

Por um instante permaneceu silenciosa, e então disse:

— É verdade!

— Os *thugs* a destruíram?
— Não.
— Então, os ingleses?
Surama negou com a cabeça.
— Meu pai — disse com voz triste, — era tio do rajá de Goalpara, senhor da tribo de guerreiros.
— Muito bem, mas, quem exterminou a sua família? — se impacientou Yáñez.
— O rajá! — respondeu a jovem. — O fez em um de seus momentos de loucura.
Permaneceu silenciosa durante alguns instantes, como se esperasse outra pergunta de seu interlocutor.
— Eu era uma criança de oito anos quando isso aconteceu — continuou a jovem, — e, no entanto, ainda recordo perfeitamente a terrível cena, como se tivesse acontecido há poucas horas.
"Tanto meu pai, como os demais parentes, se tornaram suspeitos para seu sobrinho, o rajá, que acreditava que estavam tramando contra ele para tirar-lhe a coroa e repartir as imensas riquezas que possuía. Por isso, meu pai foi viver nas altas montanhas, muito longe da corte.
"Dizia-se então que o rajá, um homem entregue a todos os vícios, cometia com frequência verdadeiras atrocidades contra seus criados, e contra os parentes que viviam perto dele.
"Um dia, meu pai me contou que aquele monstro havia assassinado a seu primeiro-ministro pelo simples motivo dele haver-lhe impedido que matasse a um servidor que, sem querer, deixou cair na sua roupa uma gota de vinho.
Yáñez, que escutava com grande interesse, a interrompeu dizendo-lhe em tom de brincadeira:
— O rajá devia ser uma espécie de Nero! Verdade?
— Aconteceu que naquele ano houve no reino de Assam uma grande escassez de víveres, e os "gurus", os sacerdotes

de Shiva, assim como os brâmanes, convenceram ao rajá que ele fizesse um sacrifício solene, com o fim de aplacar a cólera da divindade.

"O rajá concordou com gosto, e quis que todos os seus parentes espalhados pelo reino, assistissem à festa. Naturalmente, meu pai estava entre os convidados. Mas o pobre não suspeitava dos terríveis desígnios que enchiam o cérebro daquele monstro. Assim, juntamente com minha mãe e meus dois irmãos, fomos à capital. Ali fomos alojados no palácio real e todos nos receberam com as honras devidas à nossa posição. Depois de celebrar-se a cerimônia religiosa, o rajá ofereceu a todos seus parentes um grande festim, durante o qual bebeu até embriagar-se por completo.

"Pelo visto aquele miserável tratava de excitar-se antes de levar a cabo a horrível carnificina que há tempos vinha tramando. Como eu era muito pequena, estava dispensada de assistir ao banquete. Assim, naquele momento, me encontrava em um dos terraços do palácio, brincando com outras crianças da minha idade.

"Perto já do anoitecer se escutou de repente um tiro, seguido de outro, e então um grito de angústia e de terror.

"Fui correndo para o terraço que dava ao pátio central, e ali presenciei uma cena espantosa, que não esquecerei jamais, ainda que viva mil anos."

Surama interrompeu o relato, e ficou olhando para Yáñez com os olhos dilatados de medo.

Abafados soluços morriam em seus lábios, e um tremor convulsivo agitava seu corpo.

— Continue, querida! — disse Yáñez com doçura.

— Cinco anos se passaram desde então — prosseguiu a jovem, ao cabo de uns segundos. — No entanto, a cada instante revivo aquela cena aterradora, como se a estivesse presenciando agora.

"Ao olhar vi que o rajá estava de pé em um pequeno terraço. Os olhos lhe saltavam das órbitas e tinha as feições descompostas. Levava nas mãos uma carabina, ainda fumegante, e estava rodeado por seus ministros, que sem cessar lhe davam de beber não sei que infernal licor.

"Enquanto isso, os convidados da festa fugiam repletos de terror, lançando horríveis gritos. Todas aquelas pessoas eram parentes do rajá. Entre eles estavam meus pais e irmãos.

"Aquele assassino havia ordenado fechar as portas do pátio central, e enquanto gritava como um louco os ia matando a queima-roupa.

"— Que morram todos! — dizia. — Quero que desapareçam todos estes monstros que conspiram contra meu trono para se apoderar de minhas riquezas! Vamos, me deem de beber logo, ou morrerão também!

"Cheios de terror, os ministros seguiam enchendo-lhe a taça, que ele tomava de um só trago. E, em seguida, voltava a disparar sobre aqueles desgraçados que, em vão, suplicavam por clemência.

"Os tiros sucediam-se uns aos outros, pois aquele louco dispunha de várias carabinas, que se apressavam a carregar os oficiais que o rodeavam.

"E tão logo era um homem, ou uma mulher, ou uma criança, que caía com o peito atravessado por um balaço. O rajá não perdoava a ninguém.

"Deste modo vi cair primeiro a meu pai e a minha mãe, logo a meus dois irmãos.

"Trinta e sete eram os parentes daquele monstro, e naquele pátio jaziam mortos trinta e seis deles. Somente um dos irmãos do príncipe havia ficado com vida, apesar do rajá ter disparado três vezes, mas sem conseguir alcançá-lo. É que aquele desgraçado, enquanto gritava como um louco, dava grandes saltos para impedir que o rajá pudesse mirá-lo.

"— Poupe a minha vida e sairei de seu reino! — dizia. — Lembre-se que sou filho de seu pai! Por que quer me matar?

"E surdo ante aqueles gritos desesperados, o rajá disparou ainda dois tiros, sem conseguir acertá-lo. Mas depois, movido talvez de um momentâneo arrependimento, baixou a carabina, e gritou ao fugitivo:

"— Escute, irmão! Perdoo-lhe a vida, se é verdade que sairá para sempre de meus Estados, mas antes, uma condição.

"— Aceito todas as que quiser me impor! — respondeu o jovem.

"— Bem. Eu jogarei ao ar uma rúpia... se a acertar com esta carabina, o deixarei partir para Bengala.

"— Aceito! — respondeu o príncipe.

"Então o rajá lançou a carabina, que seu irmão pegou no ar.

"— Advirto-lhe — disse o rajá, — que se não acertar na moeda, sofrerá a mesma sorte que esses outros. Certo?

"— Jogue a moeda!

"O rajá atirou ao ar a rúpia. Quase no ato se ouviu um disparo, mas a bala não atingiu a moeda, mas o peito do assassino."

— Boa pontaria — comentou Yáñez.

— De fato — respondeu a moça. — Sindhia, era como se chamava o jovem príncipe, em vez de apontar para a rúpia, voltou rapidamente a arma contra seu irmão louco, e atravessou seu coração com uma bala certeira.

"Imediatamente os ministros e oficiais reverenciaram aquele que havia libertado o país daquele monstro, e o aclamaram como rajá.

"Achei que eu também havia escapado da morte, mas o novo rajá, que devia ter a alma tão perversa como seu irmão, em lugar de levar-me para a tribo de meu pai, se apoderou de todos os meus bens e ordenou que me vendessem secretamente aos *thugs*, que percorriam o país buscando dançarinas.

"Sem perda de tempo me conduziram aos subterrâneos de Raimanmal, aonde recebi a educação que dão às dançarinas, e pouco depois me destinaram ao pagode de Kali e Darma-Ragiae."

Surama soltou um profundo suspiro e terminou seu relato dizendo:

83

— Esta é minha história, "sahib" branco. Agora não sou mais que uma miserável dançarina, mas nasci perto dos degraus de um trono.

— É uma triste história! — disse então uma voz conhecida.

Surama e Yáñez se voltaram. Sandokan e Tremal-Naik haviam entrado silenciosamente no camarote, e há alguns minutos escutavam o que contava a bela moça.

— Pobre menina! — exclamou o chefe pirata, aproximando-se. Acariciou docemente os cabelos negros da jovem e acrescentou com voz rouca: — De fato, não nasceu sob boa estrela, mas nós pensaremos em seu futuro. Lembre-se sempre que o Tigre da Malásia nunca abandona a seus amigos.

— Obrigado, "sahib". É muito bom comigo — respondeu Surama com voz emocionada.

— A partir de agora ficará sob nossa proteção — disse Sandokan. — Não voltará a estar entre os *thugs*, e deixará de ser dançarina.

Em seguida, mudando bruscamente de tom, perguntou:

— Escute, jovem, você sabe se os *thugs* têm barcos?

— Não sei, "sahib" — respondeu Surama. — Recordo que quando estava em Raimanmal via algumas chalupas navegando nos canais dos Sunderbunds, mas barcos grandes, nunca vi.

— Por que faz essa pergunta, Sandokan? — interveio Yáñez.

— Não viu que acabaram de chegar duas grandes embarcações, e que ancoraram justamente perto de nós?

— Sim, mas, o que tem isso demais?

— Pois essas duas embarcações — respondeu o chefe pirata, — têm uma tripulação demasiado numerosa, e isso me faz suspeitar. Compreende agora?

— Também eu penso o mesmo — disse Tremal-Naik. — Os pequenos canhões que levam na popa, jamais os vi a bordo dos paraus, nem de outras embarcações indianas.

— Convém não perdê-los de vista — disse Yáñez. — No entanto, é possível que esteja equivocado. Esses barcos trazem alguma carga?

— Não — respondeu Sandokan.

Yáñez começou a caminhar pensativo no camarote, enquanto os demais o observavam em silêncio.

— Admitindo que pertençam aos *thugs* — disse por fim, — não podem tentar nada contra nós, pois estamos sob os tiros da artilharia do forte William.

— Bem — respondeu Sandokan. — Então por agora nos contentaremos em vigiá-los enquanto preparamos nossa expedição.

— Surama, pode nos levar até esse pagode velho? — perguntou Yáñez.

— Sim, "sahib". Eu os o guiarei até lá.

— Para chegarmos, teremos que subir muito o rio? — inquiriu Sandokan.

— Um pouco. O pagode está a sete ou oito milhas dos últimos arrabaldes da cidade negra — respondeu a jovem.

— Como já são seis horas, podemos partir para escolher o melhor lugar, antes da chegada dos *thugs* — disse o chefe pirata.

— As duas chalupas já estão dispostas, e debaixo dos bancos estão escondidos os fuzis — acrescentou Tremal-Naik.

— Então, vamos partir!

E ao dizer isto, Yáñez entregou a Surama um grande manto de seda escura, com seu correspondente capuz, e saíram todos para a coberta do parau.

As chalupas, com efeito, já estavam na água. Ocupavam os bancos duas dúzias de homens escolhidos entre dayakos e malaios.

— Olhe! Está vendo? — disse Sandokan a Yáñez em voz baixa.

E dissimuladamente lhe mostrou as duas embarcações, que haviam ancorado a pouca distância do parau, uma a bombordo e outra a estibordo. Eram dois "grabs", dois veleiros sólidos, de tonelagem algo menor que o do *Mariana*, com a proa apontada e três mastros muito altos.

Traziam grandes velas latinas, que ainda não haviam arriado sobre coberta, e tinham a popa bastante elevada.

Todos os marinheiros eram indianos, e estavam ocupados naquele instante em verificar as cadeias para assegurar melhor ancoragem. Realmente eram muitos para tripular veleiros tão pequenos e tão fáceis de manejar.

— É possível que essas embarcações tenham algo estranho — disse Yáñez. — Mas, por agora, vamos deixá-las e tratemos de cuidar de nossas coisas.

Sandokan, Yáñez e Surama desceram à chalupa maior, e tomaram em seguida o caminho, seguidos da outra, guiada por Tremal-Naik e Sambigliong.

Depois de cruzar a grande velocidade por entre as embarcações, passaram por diante da cidade branca e logo pela negra, continuando sua carreira para o norte.

Um par de horas mais tarde Surama, disse:

— Olhem! Ali está!

E lhes indicou uma espécie de pirâmide truncada que se erguia na margem direita em meio de um bosque de coqueiros, o qual confinava com uns bambus gigantescos.

Era um lugar totalmente deserto, sem cabanas nem barcas em ambas as margens do rio. Passeavam, por entre aquelas plantas palúdicas, somente várias dezenas de marabus, que abriam de quando em quando seu bico monstruoso, em forma de funil.

Depois de se assegurarem de que não havia ninguém por aqueles arredores, os piratas e seu chefe saltaram em terra empunhando as carabinas.

— Certifiquem-se de que as chalupas fiquem bem sob as plantas — disse Sandokan. — Quatro homens ficarão de guarda. Os demais, venham conosco.

Yáñez se dirigiu amavelmente à moça.

— Surama. — disse, — quer que nossos homens a carreguem?

— Obrigado, "sahib" branco; posso andar bem.

— A que hora acontece o "oni-gomon"? — perguntou o chefe pirata.

— À meia-noite.

— Então ainda temos uma hora de vantagem, e é tempo suficiente para preparar ao *manti* uma boa emboscada.

Começaram a caminhar internando-se no bosque de coqueiros. Meia hora depois chegaram a uma planície aonde se encontrava o velho pagode, todo em ruínas, com exceção da pirâmide central, que parecia conservar-se em pé milagrosamente.

— Vamos nos esconder ali dentro — disse o Tigre da Malásia, ao avistar uma porta.

Já se dispunham a entrar, quando no bosque de bambus viram alguns pontos luminosos que, ao que parecia, se dirigiam também para o templo em ruínas.

— São os *thugs*! — exclamou Surama, tremendo de medo.

— Entrem logo! — ordenou Sandokan precipitando-se no interior do edifício.

Então dirigiu-se aos piratas e acrescentou:

— Preparem todas as armas! Estejam prontos para capturar o *manti*. Não o deixem escapar por nada do mundo!

VIII
O "ONI-GOMON"

Entre os indianos que abraçaram a religião muçulmana, já desapareceu por completo o bárbaro costume de queimar as viúvas sobre os cadáveres dos maridos.

No entanto, apesar dos constantes esforços feitos pelos ingleses para combater tal costume, ele persiste ainda na casta dos militares, dos brâmanes e dos *thugs*.

É que o império é tão imenso, que a polícia anglo-indiana nem sempre chega a tempo de impedir a horrível cena, ou mesmo nem fica sabendo, porque os familiares do defunto, para enganar às autoridades, tomam todas as precauções e se valem de mil artimanhas.

Atualmente, não obstante, essa prática selvagem é bastante rara, especialmente em Bengala, mas no alto Ganges e nas províncias setentrionais se celebram ainda muitos "oni-gomon".

Apesar das rigorosas leis do governo, convém saber que nos primórdios do século passado se multiplicaram esses sacrifícios em número considerável. Tanto é assim que no ano de 1817 se realizaram, somente em Bengala, mais de 700 destes horríveis holocaustos. Quase dois por dia.

Hoje, com o fim de evitá-los, ou ao menos para diminuir seu número, as leis exigem que a viúva que deseje imolar-se deve manifestar sua irrevogável decisão ante os magistrados.

A verdade é que a maior parte delas recusam-se a se deixar queimar, pois na verdade os brâmanes são quem as obrigam violentamente. E, quando tomadas de terror à vista das

chamas, aquelas pobres mulheres tentam fugir, os parentes do morto as atam ao cadáver do marido ou as empurram para o fogo a força de porretes.

É incalculável o número de mulheres que morreram de modo tão violento em pleno século XIX.

Algumas poucas conseguiram se salvar no último instante, entregando sua mão ao "paria" que, achando-a formosa, a livrava das chamas para casar-se em seguida com elas, pois já é sabido que esses infelizes, motivo de pouco caso de todos na Índia, não se desonram ainda que tomem a uma viúva por esposa.

É de tal natureza a condição das mulheres indianas que ficam viúvas, que muitas preferem morrer a ter que suportar a viuvez.

Não importa que tenham tido filhos, mesmo assim são menos estimadas que as demais mulheres. Mas o opróbrio as cobre por completo, se são estéreis.

A desventurada que se nega a morrer sobre o cadáver de seu marido tem que usar luto toda sua vida, e é obrigada a cortar o cabelo todos os meses. Além disso, é proíbida de colocar na fronte o distintivo da casta a que pertence, e nem pode assistir às festas de família. Não pode se perfumar, nem mastigar bétel ou fumar, tampouco pode usar joias ou vestir-se de branco.

Na realidade, se foge delas como de um pestilento, pois os indianos acreditam que é sinal de mau agouro encontrar-se com uma viúva.

À infeliz mulher não cabe outro recurso senão resignar-se, pois mesmo sendo tão depreciada, o é menos, no entanto, do que a que torna a se casar. Sobre essa cai o pouco caso absoluto de todas as castas, exceto a dos "párias".

ഇരുഅ

O grupo que avançava através da mata se compunha de cerca de quarenta pessoas. Dois sacerdotes seguravam uma jovem que vinha com eles.

O cortejo era precedido por quatro tambores com os correspondentes "djugo", espécie de tambor de terra cozida, de forma cilíndrica, coberto de ambos os lados com uma pele que se afrouxa ou se aperta por meio de uma corda.

Seguiam a estes alguns "mussalki", chamados assim porque levam as tochas. Atrás iam alguns homens conduzindo nos ombros um palanquim com o defunto, ricamente vestido.

E, finalmente, a desgraçada viúva, a quem rodeavam os parentes mais próximos, os quais, por sua vez, levavam várias vasilhas com azeite perfumado, que seria despejado na pira funerária.

— Olhem, ali está o *manti*! — disse Sandokan aos seus companheiros, ocultos no pagode.

De fato, o velho *manti*, juntamente com os sacerdotes, precedia a viúva recitando preces.

Esta era uma formosa jovem, que não devia ter nem quinze anos. Já haviam lhe cortado o cabelo, e não levava a joia que as mulheres indianas têm como distintivo de seu estado. Mal conseguia se manter de pé. Chorava e gritava desesperada, maldizendo sua sorte, enquanto os sacerdotes procuravam animá-la, dizendo-lhe que se mostrasse serena. Prometiam, além disso, que seu nome seria admirado em todo o mundo, e cantado e louvado seria o seu sacrifício. Que gozaria de uma felicidade indescritível, e que talvez chegasse a ser esposa de algum deus como recompensa de sua abnegação e virtude.

Para adormecê-la e impossibilitar qualquer tentativa de fuga, haviam-lhe dado para beber o "boug", licor à base de ópio líquido, que embriaga rapidamente.

Quando o cortejo chegou diante do pagode, vários homens, armados com grandes facas, cortaram rapidamente um bom número de grossos bambus e formaram com eles uma pira, como um cadafalso, de meio metro de altura.

Em seguida derramaram ali o azeite de coco perfumado, e colocaram em cima o cadáver do *thug* com seu palanquim.

Os "mussalki" se colocaram com as tochas nos quatro ângulos da pira, dispostos a atear fogo ao primeiro sinal.

E enquanto os parentes cantavam aos gritos elogios ao defunto e à virtude da viúva, os tambores soavam furiosamente.

Rapidamente, o *manti* se aproximou da pira com uma tocha na mão. A desgraçada viúva, entretanto, se despedia de seus parentes. Com voz abafada pelos soluços, dava-lhes o último adeus. E aqueles, com lágrimas nos olhos, se alegravam, com toda a sua alma, da felicidade eterna que a jovem ia conquistar. Subitamente se levantou uma chama, que se propagou em seguida por toda a pira, envolvendo o cadáver com grande rapidez. O *manti* havia tocado fogo nos bambus. Com isso chegava o momento do terrível sacrifício. A pobre viúva foi agarrada com força pelos sacerdotes, que a empurravam para as chamas com feroz brutalidade. Enquanto isso, os parentes gritavam para aturdir a vítima, e os tambores redobravam, produzindo um ruído de mil diabos. Sem opor a menor resistência a desgraçada moça se ia deixando empurrar, mas, assim que se viu diante das chamas, se negou a dar um passo a mais.

Então soltou um grito espantoso:

— Não! Não! Perdão!

E em seguida, com uma força incrível, deu um safanão desesperado, derrubando um dos sacerdotes. Recuou, debatendo-se com fúria para se soltar do outro sacerdote.

Todos os familiares acudiram correndo em auxílio dos dois sacrificantes.

Naquele momento o *manti* pegou um tição chamejante, e já ia lançá-lo sobre a vítima para incendiar-lhe as roupas, quando uma voz poderosa gritou:

— Quietos! Aquele que se mover cairá como um cão!

O Tigre da Malásia acabava de aparecer no umbral do pagode rodeado de seus piratas, apontando suas carabinas para os *thugs*.

As pessoas que compunham o cortejo lançaram um grito de raiva, e passado o primeiro momento de surpresa, debandaram, deixando a pobre viúva estendida no chão.

— Não deixem o *manti* escapar! — gritou Sandokan.

O primeiro a fugir foi o velho feiticeiro, o único que havia reconhecido o comandante do parau.

Sandokan e Tremal-Naik o viram correr para a mata, mas logo o alcançaram. Yáñez, enquanto isso, mandava que fizessem uma descarga ao ar para assustar os parentes do morto e aos que os acompanhavam, os quais fugiram como gamos através do bosque de coqueiros.

— Alto, velho malandro! — gritou Tremal-Naik.

E rapidamente apontou para o peito do *manti* o cano da carabina, pois este pretendia usar o punhal que levava oculto na faixa.

O Tigre da Malásia o pegou pelos ombros e o obrigou a ficar de joelhos.

— Quem é você? O que quer de mim — gritou o *manti*, procurando inutilmente fugir à terrível pressão das mãos de Sandokan. — Vocês não podem me deter porque não são policiais nem sipaios!

— Não sabe quem somos? Por acaso ficou cego? — disse o chefe pirata deixando que ele se levantasse. — Realmente não me reconhece?

— Não. Nunca o vi.

— E não se lembra que há três noites atrás tentou que seus amigos me estrangulassem junto ao pagode de Kali?

— Isso é mentira! — gritou com raiva o velho.

— Então, não é você o *manti* que visitou meu parau? — perguntou com ironia Sandokan.

— Disse *manti*? Eu nunca o fui em toda a minha vida.

— Venha comigo, e no pagode irá encontrar uma pessoa que te conhece.

— Mas, o que é que vocês querem de mim? — voltou a gritar o velho, apertando os dentes com raiva.

— Mostre o peito! — disse Tremal-Naik.

E derrubando-o em terra, colocou um joelho na barriga do velho:

— Escute, Sandokan, mande que tragam uma tocha agora.

Yáñez chegou então onde estava Sandokan, e pegou uma das tochas que os "mussalki" haviam abandonado em sua fuga.

— Capturaram o *manti*? — perguntou o português.

— Sim, e desta vez ele não escapará! — respondeu Sandokan. — E a viúva?

— Está a salvo no pagode. Parece que está muito contente por estar ainda viva.

— Aproxime a tocha, Sambigliong — disse Tremal-Naik.

E enquanto dizia isto rasgou com um puxão a jaqueta do *manti*.

Este soltou um bramido de ira, tentando se cobrir, mas Sandokan o agarrou pelos braços, dizendo-lhe ao mesmo tempo:

— Primeiro, deixe que vejamos seu peito, para nos certificarmos que é realmente um *thug*.

— Está vendo? — perguntou Tremal-Naik.

O indiano usava no peito uma tatuagem azul, representando uma serpente com cabeça de mulher e rodeada de misteriosos signos.

— Olhem! — disse Tremal-Naik. — Este é o símbolo dos estranguladores. Todos os seguidores desta seita de assassinos usam esta tatuagem.

— E o que lhes importa que eu seja um *thug*? Até agora não matei ninguém.

— Isso é o que veremos — disse Sandokan. — Anda, levante-se e siga-nos.

O *manti* não esperou que se repetisse a ordem. E mesmo lançando olhares ferozes para seus capturadores, parecia bastante preocupado e abatido.

Aos empurrões o conduziram para a pira sobre a qual acabava de reduzir-se a cinzas o cadáver que haviam colocado pouco antes.

Os marinheiros do parau se reuniram ao redor, não sem haver colocado sentinelas para não se verem surpreendidos.

Yáñez fez então sair a jovem bailarina do pagode e lhe mostrou o velho.

— Surama — disse, — conhece este homem?

— Sim — respondeu a moça. — É o *manti* dos *thugs*, o lugar-tenente do Filho das sagradas águas do Ganges.

— Você não passa de uma reles dançarina! — gritou o velho lançando à jovem um olhar cheio de ódio. — Traiu a nossa seita e pagará caro por isso!

Surama deu de ombros com indiferença.

— Eu nunca acreditei na deusa da morte e da ruína — respondeu.

— Bem, já não pode negar que é um seguidor de Suyodhana — disse Tremail-Naik ao velho. — Agora, diga logo onde se ocultam os *thugs*.

O *manti* olhou o bengali durante alguns minutos, e então respondeu com decisão:

— Está equivocado se acha que vou lhe dizer onde está escondida sua filha. Pode me matar se quiser, mas não direi nem uma palavra sobre esse assunto.

— Essa é sua palavra final?

— Sim.

— Muito bem. Logo veremos se pode resistir muito tempo sem confessar o que me interessa saber.

Ao escutar tais palavras, o *manti* ficou muito pálido e sua fronte se cobriu de um suor frio. Com os olhos arregalados, olhava fixamente para o bengalês.

— O que pretende fazer comigo? — perguntou, com voz embargada. — Diga-me, o que pretende fazer?

— Logo o saberá!

Tremal-Naik se aproximou de Sandokan e trocou com ele algumas palavras em voz baixa.

O Tigre da Malásia fez um gesto de dúvida e perguntou:

— Você acha?

— Verá como não resiste muito tempo!

— Está bem! Vamos ver! — disse Sandokan.

E a um sinal seu, Sambigliong, que já devia ter recebido instruções, se dirigiu a um grande tamarindo que se elevava a uns quarenta passos da pira funerária.

95

IX
AS REVELAÇÕES DO *MANTI*

O contramestre Sambigliong se aproximou da árvore que crescia entre as pedras do arruinado pagode. Levava na mão uma corda longa e delgada, na qual havia feito um nó corrediço.

Com grande destreza atirou a corda através dos galhos mais grossos do tamarindo, e deixou que descesse até tocar o chão.

Alguns piratas enquanto isso ataram com força os braços do *manti*, passando-lhe por debaixo das axilas duas cordas delgadas, mas muito fortes.

Ainda que o velho não opusesse resistência alguma, percebia-se, pela expressão de seu rosto, que estava tomado por um terror indescritível. Pela fronte corriam grossas gotas de suor, e um violento tremor sacudia seu corpo. Parecia ter compreendido a espécie de tormento que ia sofrer.

Assim que Tremal-Naik viu bem atado o velho, se aproximou furioso.

— Vamos ver! — disse. — Quer falar? Sim ou não?

O *manti* lançou-lhe um olhar feroz e permaneceu alguns segundos sem responder, mas finalmente disse com voz rouca:

— Não...! Não irei falar...!

— Advirto-lhe que não poderá resistir, e acabará por dizer o que nos interessa saber — insistiu o bengali.

— Prefiro morrer a falar algo!

— A escolha é sua! Levantem-no!

— Malditos! Mas alguém vingará minha morte!

— Neste momento, os seus vingadores não podem ajudá-lo, já que estão muito longe — disse Tremal-Naik.

— Quando Suyodhana souber de tudo isto, os fará provar as delícias do laço que estrangula! — replicou o velho com voz embargada.

Sandokan se aproximou rindo ao escutar estas palavras.

— Fique sabendo — disse, — que nós não temos medo dos *thugs*, e rimos de Kali, de seus seguidores e de seus laços!

— Pela última vez — falou então Tremal-Naik, — quer nos dizer onde esconderam a minha filha e onde se encontra agora Suyodhana?

— Pergunte ao Pai das sagradas águas do Ganges! — respondeu ironicamente o *manti*.

— Muito bem! Levem-no!

O velho foi então empurrado para a árvore pelos quatro malaios.

Sambigliong passou um laço perto do corpo, um pouco abaixo das costelas, de modo que apertasse o ventre e os intestinos. Em seguida, gritou:

— Já podem içá-lo!

O *manti* foi levantado um par de metros do chão, e, em seguida, um terrível grito de angústia escapou dos lábios do desgraçado. O peso de seu corpo fez com que o nó se apertasse de tal maneira, que quase entrou nas carnes.

Todos se agruparam perto da árvore, inclusive Sandokan e Yáñez, que olhavam sem pestanejar aquele novo tormento.

Como de costume, o português fumava placidamente um cigarro.

— Puxem! — ordenou friamente Tremal-Naik aos quatro malaios que haviam atado o velho.

Os piratas deram o primeiro puxão.

— Balancem-no sem piedade! — disse logo o bengali.

A fim de não proferir nenhum grito, o infeliz *manti* apertava os dentes com força, mas a pressão, que se fazia mais dolorosa por causa do balanço, era quase insuportável.

Enquanto seus olhos se estatelavam, sua respiração se fazia anelante, pois os pulmões mal podiam funcionar.

O desgraçado não pôde reprimir um grito de dor ao receber o terceiro puxão e sentir que a corda penetrava em suas carnes.

— Basta! — gritou com voz rouca. — Basta, miseráveis!

— Irá falar? — perguntou Tremal-Naik.

— Direi tudo o que quiserem saber! Mas me tirem daqui! Estou sufocando!

Tremal-Naik ordenou que diminuíssem a força do laço, e voltou a dizer:

— Diga-me onde se encontra Suyodhana! Se não responder a verdade, mandarei que mudem o local do nó corrediço.

Durante alguns poucos segundos o *manti* vacilou. Ele não poderia aguentar mais aquele espantoso suplício, inventado pela diabólica fantasia de seus compatriotas. Era melhor falar.

— Eu direi tudo! — respondeu finalmente, fazendo um horrível gesto.

— Fale! — disse Tremal-Naik.

— Ele está em Raimanmal!

— Nos antigos subterrâneos?

— Sim! Mas já basta! Irão me matar!

— Ainda não terminamos! — respondeu o implacável bengali. — Onde se encontra escondida minha filha?

— No mesmo local.

— Jura, pela sua divindade?

— Sim! Juro pela deusa Kali! Tirem-me daqui, não aguento muito mais!

Tremal-Naik deu ordem para que o descessem.

— Muito bem. Esse homem já não podia resistir mais — comentou Yáñez.

Desceram o *manti* imediatamente, e liberaram-no do nó corrediço. Em volta do ventre se via um profundo sulco azulado, que apresentava péssimo aspecto por alguns lugares.

O *manti* mal conseguia se manter em pé, por isso teve que se sentar.

Sua respiração era anelante e o rosto ainda estava congestionado pela dor.

Tremal-Naik esperou durante alguns minutos que a respiração do *manti* voltasse ao normal. Então, voltou a dizer:

— Ficará em nosso poder até termos certeza de que não nos enganou. Se isso se confirmar, sua vida terá muito pouco valor e morrerá entre terríveis sofrimentos. Do contrário, se nos disse a verdade ficará livre por completo.

Ao ouvir estas palavras, o *manti* o olhou sem atrever-se a fazer o menor gesto. No entanto, seus olhos revelavam um terrível ódio.

— Onde fica a entrada dos subterrâneos? — perguntou Tremal-Naik. — Está perto do "baniam"?

— Eu não posso responder a isso, porque não fui a Raimanmal depois da dispersão dos sectários — respondeu o *manti*. — Mas, creio que a entrada já não é mais neste local.

— Não está mentindo?

— Não jurei dizer a verdade, pela deusa Kali?

— Como sabe que minha filha está ali, se não esteve em Raimanmal desde então?

— Porque me disseram.

— Quais eram suas intenções ao raptá-la?

— Queremos que seja a Virgem do Pagode. Você roubou a primeira e Suyodhana raptou a sua filha, porque em suas veias corre o sangue de Ada Corishant.

— Sabe quantos homens estão em Raimanmal?

— Não creio que haja muitos.

— Quero saber uma coisa mais — disse Sandokan intervindo na conversa. — Os *thugs* têm barcos?

Durante alguns instantes, o velho o olhou com atenção, como se desejasse adivinhar os motivos daquela pergunta. Depois de pensar um pouco, disse:

— Quando eu estava em Raimanmal recordo que só tinham duas "gongas". No entanto, nestes últimos tempos, não sei se Suyodhana adquiriu algum navio.

Yáñez se aproximou de Sandokan e disse:

— Esse homem jamais confessará tudo. De todo jeito, já temos informação suficiente, e podemos ir antes que os fanáticos voltem com mais reforços.

— E o que vamos fazer com a viúva? — perguntou Sandokan.

— Em minha casa estará muito melhor que com os *thugs* — disse Tremal-Naik.

— Então, vamos partir — disse Yáñez. — Os elefantes já estão em Khari?

— Sim, chegaram ontem.

— São magníficos animais, habituados à caça do tigre. Custaram muito dinheiro, mas valem o que se gastou neles.

— Iremos então caçar nos Sunderbunds? — perguntou Yáñez.

— Sim, brevemente.

— Então veremos quem pode mais, se os tigres de Bengala, ou os tigres malaios — terminou Yáñez.

O *manti* foi arrastado por dois homens, e a um sinal de Sandokan a tropa abandonou a planície.

Sem nenhuma novidade atravessaram o bosque, e por volta das duas da madrugada os expedicionários embarcaram nas chalupas.

O regresso foi rápido, pois a correnteza lhes era favorável. Uma hora mais tarde se encontravam todos a bordo do *Mariana*.

O *manti* foi encerrado em um dos camarotes, e para maior precaução, vigiado constantemente.

— Quando partiremos? — perguntou Tremal-Naik a Sandokan.

— Ao amanhecer. Já dei as ordens necessárias para que tudo esteja pronto antes do amanhecer — respondeu Sandokan.

— Conseguiremos estar em Khari amanhã à noite? — perguntou o bengali.

— Certamente. Desde a margem do rio até aquela aldeia somente há uns dez ou doze quilômetros.

— Será um simples passeio. Agora o melhor seria descansar.

No dia seguinte, quando as estrelas já começavam a se esconder, toda a tripulação do parau se encontrava a postos na coberta para empreender a viagem rumo à aldeia.

Sandokan mandou içar as grandes velas, e Sambigliong, que dirigia a manobra, observou com intranquilidade que os dois "grabs" que no dia anterior haviam ancorado não muito longe do parau se dispunham a zarpar também.

Rapidamente, a coberta das duas embarcações se encheu de homens, que içaram velas em muito pouco tempo, como se temessem que a brisa ou a corrente do rio fosse trocar de um momento a outro.

O malaio ficou completamente desconcertado ante aquela manobra. Há algum tempo suspeitava daqueles misteriosos barcos, suas tripulações eram mais numerosas do que geralmente o são naquele tipo de navio.

— O patrão estava certo ao desconfiar de nossos vizinhos. Este negócio não me cheira bem. Vou avisá-lo.

Já ia se dirigir para popa para advertir a Sandokan do que ocorria, quando este apareceu naquele instante.

101

— Patrão — disse, — aqueles dois "grabs" também vão zarpar.

O pirata não se surpreendeu. Tranquilamente olhou os dois veleiros que estavam levantando âncoras.

— Está mesmo inquieto com a partida imprevista desses dois veleiros, Sambigliong?

— Sim, não me parece muito lógico, patrão. Chegaram anteontem, e pelo que pude observar, não carregaram nem uma só bola de algodão, e de repente, ao ver que zarpamos, se apressam a fazer o mesmo. Além disso, olhe quanta gente há sobre a coberta.

— Sim, já tinha notado.

— A tripulação deles é, pelo menos, o dobro da nossa — disse Sambigliong.

— Mas, se enganam se pensam que vão nos pegar desprevenidos. Eles é que irão ser pegos de surpresa.

— De que modo?

— Deixaremos que nos sigam até os Sunderbunds e ali faremos funcionar nossa artilharia. Veremos quem irá levar a pior. Vamos partir, Sambigliong! E cuidado para não se chocar com nenhum barco.

— Fique tranquilo, patrão!

As enormes velas já tinham sido içadas. Naquele momento, as âncoras de proa e de popa apareciam na superfície da água.

Movido pela correnteza e pela brisa, o *Mariana* começou a deslizar silenciosamente. Ao mesmo tempo um dos "grabs" já se havia posto em marcha, e se apressava por entre os barcos que lotavam o rio. O outro estava preparado para seguir o mesmo caminho.

Sem dar nenhum sinal de inquietação, Sandokan os observava atentamente. Não o preocupava nem o armamento, nem a tripulação, tão numerosa, do inimigo.

Nas inumeráveis aventuras que tinha vivido, havia se encontrado com oponentes mais fortes e terríveis, e sempre havia saído vitorioso.

Uma mão poderosa se apoiou sobre seus ombros, e Sandokan voltou a cabeça.

Yáñez e Tremal-Naik, seguidos por Kammamuri, haviam se aproximado dele.

— Será uma simples casualidade ou terá razão? — perguntou Yáñez, com certa inquietação.

— É uma coincidência muito suspeita — respondeu Sandokan. — Estou convencido de que nos seguirão para comprovar se ancoraremos em algum dos canais dos Sunderbunds.

— Irão tentar nos atacar? — perguntou Tremal-Naik.

— Não creio que o façam no rio, mas é possível que se atrevam no mar.

— Nós temos que despistá-los antes de chegarmos à desembocadura do rio — disse Tremal-Naik. — Khari se encontra bem longe do mar.

Sandokan, que estava pensando naqueles misteriosos veleiros, murmurou:

— Assim que for possível, me livrarei desses espiões Esta noite ficaremos a bordo, e não desembarcaremos até amanhã pela amanhã. Deste modo poderemos descobrir as intenções desta gente.

— Tem razão — concordou Yáñez.

— Se esta noite ancorarem perto de nós, estou disposto a pedir-lhes explicações. Mas, por enquanto, deixemos de lado nossas suspeitas.

— E a viúva? — perguntou Yáñez.

— Nós a deixaremos em meu bangalô de Khari — disse Tremal-Naik. — Assim, fará companhia a Surama.

— Prefiro que venha conosco — disse Yáñez. — A dançarina poderá nos ser útil quando chegarmos aos Sunderbunds.

Sandokan olhou ironicamente para o português, que se ruborizou como se fosse uma moça.

— Meu caro Yáñez! — disse rindo. — Terá seu coração perdido a couraça que o protegia?

O português, algo perturbado, comentou:

— Já sou velho para essas coisas.

— Apesar de tudo, creio que os olhos da bela Surama o farão voltar à juventude.

— Mas cuidado! As mulheres indianas são muito mais perigosas que as brancas — afirmou Tremal-Naik. — Sabe quais os materiais que as formam, segundo contam nossas lendas?

— Não, não sei. O que sei é que geralmente são muito belas e que seus olhos soltam fogo — respondeu Yáñez.

— O que dizem suas lendas? — perguntou Sandokan intrigado.

— Segundo conta, Twashtei, quando fez o mundo, ficou perplexo antes de criar a mulher. Durante muito tempo não soube que materiais escolher para dar-lhe forma. Lembre-se que falo da mulher indiana e não das demais raças.

— Mas quais foram os materiais que ele escolheu? — perguntou Sandokan impaciente.

— Recolheu a redondeza da lua, a elegância das trepadeiras, as vibrações de um talo herbáceo, a flexibilidade da serpente, a cor aveludada das rosas, a leveza da folha, o pranto da nuvem, a timidez da lebre, o olhar do cabrito, a louca alegria do raio de sol, a vaidade do pavão real, o palrar da garça, o arrulho da rolinha, a frieza da neve, a doçura do mel e a dureza do diamante.

— Por Baco! — exclamou Yáñez. — Esse deus indiano escolheu mais elementos para formar a mulher?

—Creio que já tinha bastante material e elementos — comentou Sandokan. — Não sei se escutou falar que as mulheres indianas também têm algo da crueldade dos tigres, querido Yáñez!

O português respondeu sorrindo:

— Por que temos de temer, melhor dizendo, por que temer uma moça que tenha um pouco de tigre indiano? Não somos acaso os tigres de Mompracem?

Depois de soltar uma gargalhada, ficou sério de repente.

— Sandokan — disse, — eles continuam nos seguindo!

— Quem, os "grabs"? Sim, já notei. Veremos se amanhã ainda estarão navegando.

— O que pretende fazer?

— Esta noite saberá — respondeu o chefe pirata com acento ameaçador. — Por agora deixaremos que nos sigam.

O parau já havia saído do cais e navegava rio abaixo com grande rapidez.

Quase ao entardecer, e depois de haver passado diante da estação de Diamond-Harbour, o *Mariana* entrou em um grande canal formado pela margem e por uma ilhota coberta por um bosque de grande extensão.

Este era o local que Tremal-Naik havia escolhido para desembarcar, já que se encontrava em frente ao caminho que conduzia a Khari.

Não haviam feito mais que lançar a âncora, quando viram aparecer de improviso os dois "grabs", vindos pelo norte.

— Ora! Também aqui nos seguem? — disse Sandokan mau-humorado. — Então lhes ofereço uma batalha que bem estão merecendo!

Dirigiu-se para seus homens, gritando:

— Todos em seus postos de combate! Artilheiros, descubram os canhões! Às armas!

X
Um Combate Terrível

Os piratas se dispunham já a descer as velas e lançar a âncora, mas ao escutarem a ordem do Tigre da Malásia, interromperam bruscamente a manobra.

— Às armas! — gritaram.

Acabavam de despertar os terríveis tigres de Mompracem. Voltavam a ser outra vez aqueles formidáveis salteadores dos mares da Malásia, aqueles que destruíram o poderio de James Brooke, o famoso rajá de Sarawak, e haviam feito tremer inclusive aos ingleses.

De novo se lhes havia despertado a sede de sangue e de extermínio, adormecida há alguns meses.

Aqueles cinquenta piratas, com incrível rapidez, se colocaram em seus postos de combate, preparados para se lançarem à abordagem.

A coberta pareceu por um momento um manicômio. Por fim, os artilheiros ocuparam seu lugar atrás dos canhões, enquanto os outros permaneciam dispostos sobre a tolda de câmara atrás das amuradas, e com as carabinas empunhadas, os terríveis *parangs* de longa e pesada lâmina ao alcance da mão e os afilados *cris* entre os dentes.

Yáñez e Tremal-Naik se aproximaram correndo de Sandokan, que da popa vigiava atentamente os movimentos dos "grabs" indianos.

— Pretendem nos atacar? — perguntou o bengali.

— Sim, mas querem-nos entre dois fogos — respondeu o chefe pirata.

— Bandidos! Como Diamond-Harbour está longe, e nesta parte do rio nunca há barcos, se aproveitam de que este local fique sempre deserto, para caírem sobre nós como feras.

— Ao que parece, têm pressa para nos eliminar — disse Sandokan.

— Não há nada para se preocupar. Que venham quando quiserm — disse Yáñez, com sua calma habitual. — Ainda que sua tripulação seja numerosa, a nossa os vencerá.

Depois se voltou para o Tigre da Malásia e acrescentou:

— Sandokan, que faremos agora?

— Vamos esperar que os "grabs" disparem primeiro — respondeu o chefe pirata. — Seria outra coisa se estivéssemos no mar, mas aqui não me atrevo. Estamos em águas inglesas. As autoridades talvez nos tratassem como a piratas e isso nos poderia acarretar alguns desgostos sérios.

— E não teme que os *thugs* se aproveitem disso para tomar posições? — perguntou Tremal-Naik.

— Não, porque o *Mariana* é de fácil manobra, e quando nos convenha, saberemos sair do fogo combinado desses bandidos. Além disso, como nós já estamos dispostos a recebê-los, vamos deixar que venham.

— Eles mesmos estão buscando a ruína — acrescentou Yáñez.

— Não vamos nos esquecer de que eles também têm canhões — disse Tremal-Naik.

— Bah! São canhões de pouco alcance. Seus projéteis não causarão grandes danos ao nosso parau — respondeu depreciativamente Sandokan. — Conhecemos de sobra essa espécie de artilharia, não é mesmo, Yáñez?

— Sim, são uns simples brinquedos — respondeu o português.

Mas ao reparar na astuta manobra dos "grabs", acrescentou:

— Olhem como avançam! Sem dúvida pretendem nos colocar num fogo cruzado!

— Ordene lançar uma ancoreta à proa — disse Sandokan, — mas sem corrente, com um cabo somente. Em caso de necessidade o cortaremos de um só golpe. Procuraremos enganar a esses safados.

Naquele instante as duas embarcações inimigas embocavam já o canal e avançavam lentamente, com parte do velame arriado. Uma delas se dirigia para terra firme, enquanto a outra ia roçando a praia da ilhota.

Tal manobra tinha a intenção de colocar o parau entre dois fogos.

Reinava muita agitação na tolda dos dois "grabs". Na proa e na popa dos respectivos barcos se viam os marinheiros muito ocupados, como se estivessem levantando barricadas para se defender melhor da artilharia inimiga.

Outros homens, entretanto, conduziam objetos que pareciam muito pesados, a julgar no número de indianos que trabalhavam nela.

O "Tigre da Malásia", como se aquele assunto não lhe importasse o mínimo, seguia tranquilo e com grande atenção os movimentos dos dois veleiros.

Yáñez, enquanto isso, inspecionava as colubrinas e mandava preparar todo o necessário para a abordagem.

༄༅༄༅

Ao anoitecer apareceu a lua sobre as copas das árvores que bordejavam as margens. E foi então que os "grabs" conseguiram ladear o parau, aproximando-se dele cerca de uns trezentos metros.

Do "grab" mais próximo se ouviu em seguida uma voz, que gritou em inglês:

— Rendam-se. Senão os colocaremos a pique!

Sandokan então gritou:

— Quem é você para nos dar semelhante ordem.

— Barcos do governo de Bengala! — respondeu a primeira voz.

— Nesse caso, faça-me o favor de nos mostrar seus documentos! — disse o chefe pirata com ironia.

— Então, não quer obedecer?

— Agora não!

— Vai nos obrigar a fazer fogo?

— Podem fazer o que bem entenderem!

Das cobertas de ambas as embarcações saíram terríveis gritos ao escutar esta resposta.

— Kali!... Kali!... — gritavam.

O Tigre da Malásia desembainhou a cimitarra.

— Ao ataque, tigres de Mompracem! — gritou. — Cortem a corda! À abordagem!

Ao escutar esta ordem a tripulação do *Mariana* respondeu com um grito de guerra, mais terrível e selvagem que o dos *thugs* indianos.

De um só golpe foi cortada a corda da ancoreta e o parau voltou a ficar livre, dirigindo-se resolutamente contra o "grab" que se encontrava junto à margem da ilhota.

Subitamente ressoou um canhonaço, cujo estampido repercutiu sob as árvores da orla oposta do rio.

Com seu canhãozinho de proa o "grab" havia aberto fogo, acreditando, ao que parece, que sua artilharia danificaria facilmente os costados do parau pirata.

Mas não contavam com as pranchas metálicas que recobriam o casco do barco, mais que suficientes para inutilizar aquelas balas tão pequenas.

— Agora somos nós! — gritou Sandokan, guiando a embarcação ele mesmo.

Os piratas, que até aquele momento haviam estado ocultos atrás das amuradas, se puseram de pé ao escutar a ordem de seu capitão e começaram a disparar as carabinas sobre a coberta da embarcação inimiga.

Enquanto isso os artilheiros faziam girar com rapidez as colubrinas grandes para tomar o "grab" de proa a popa.

A batalha naval havia começado com grande entusiasmo por ambas as partes. Mas enquanto os *thugs* disparavam sem grandes resultados, os piratas, acostumados à guerra, não desperdiçavam disparos.

O Tigre da Malásia animava a seus homens sem cessar, impassível ante aquela chuvarada de balas inúteis que os inimigos lançavam.

— Atirem, tigres de Mompracem! — gritava. — Vamos mostrar a esses homens como lutam os filhos da selvagem Malásia!

Na verdade nem era preciso animar àqueles temíveis piratas, aguerridos por centenas de combates e encanecidos entre a fumaça da pólvora.

Sem se preocuparem com o fogo do "grab", saltavam como verdadeiros tigres, subindo nas amuradas e escadas para poder apontar melhor ao inimigo.

Os artilheiros, entretanto, comandados por Yáñez, faziam voar pedaços do mastreamento e da aparelhagem do veleiro inimigo com seus disparos precisos.

Assim que começou a luta, o segundo "grab" chegou por trás do *Mariana* e começou a disparar.

— Virem à banda! — gritou Yáñez.

Sandokan procurou virar com um golpe de barra, enquanto Tremal-Naik e Kammamuri se lançavam a bombordo com um grupo de atiradores para fazer frente ao novo adversário que lhes vinha em cima.

Mediante uma rápida manobra, o *Mariana* saiu do fogo cruzado de ambos os barcos, e imediatamente se colocou de través e começou a atirar contra os dois "grabs",

O parau pirata se defendia às mil maravilhas e lançava balas e metralha suficiente para conter a seus dois atacantes.

111

Yáñez, que manejava uma das colubrinas, havia derrubado com seus disparos o mastro triquete do primeiro "grab", fazendo-o cair sobre a coberta.

E ao ver que os homens tentavam lançá-lo à água e cortar a corda, descarregou sobre eles uma rajada de metralha que causou grandes estragos entre os *thugs*.

No entanto, a situação do *Mariana* não era confortável, porque ambos os "grabs", mesmo muito maltratados, se aproximaram pelos dois lados para a abordagem.

Sandokan procurava fugir do cerco por meio de admiráveis manobras. O problema era que o vento era demasiado débil para as manobras e o canal tinha pouca largura.

Tremal-Naik se aproximou do Tigre da Malásia para perguntar-lhe sobre o que fazer, pois estava um pouco assustado.

É que o valente bengali havia se comportado heroicamente causando ao segundo "grab" consideráveis perdas, mas não havia conseguido detê-lo em seu avanço.

— Sandokan, eles estão vindo para a abordagem! — disse ao chefe pirata.

— Não se preocupe, homem! Que venham, pois serão bem recebidos! — respondeu o Tigre da Malásia, rindo ironicamente.

— Mas são quatro vezes mais numerosos que nós!

— Dá no mesmo! Você verá como meus homens se batem!

E então gritou:

— Sambigliong! Venha aqui!

O malaio, que disparava do alto da escada de bombordo, com um salto se colocou ao lado de seu chefe.

— Assuma a direção — disse Sandokan.

— Para qual dos dois vamos primeiro, capitão? — perguntou o malaio.

— Sobre o de bombordo! Nós o abordaremos primeiro!

E como um furacão pulou através da coberta gritando com poderosa voz:

— Junto a mim, tigres de Mompracem! Preparem-se para a abordagem!

— Viva o Tigre da Malásia! — gritaram os piratas.

Sambigliong tinha cinco homens debaixo do castelo para a manobra da vela de popa. Primeiro mandou soltar a escota para recolher mais vento, e em seguida virou o parau contra o "grab" que estava em frente à ilhota e que era o mais vulnerável.

Yáñez, enquanto isso, tentava deter ao outro "grab", dirigindo-lhe o fogo de todas as colubrinas.

— Preparem-se para a abordagem! — gritou Sandokan.

Para Sambigliong não foi difícil abordar o "grab" por estibordo, metendo o gurupés por entre as escotilhas do mastro maior e a cordoaria. Tudo saiu perfeito.

Os tripulantes do "grab", surpreendidos por tão audaz ataque, não pensaram sequer em fugir do encontrão, manobra, por outra parte difícil de realizar com um só mastro e com a cordoaria feita em pedaços.

Já era demasiado tarde quando tentaram escapar ao violento choque.

Os tigres de Mompracem começaram a chover por toda parte. Ágeis como macacos saltavam sobre o gurupés, lançando-se desde os penóis, da cordoaria e das escotilhas.

Os primeiros a cair sobre a coberta do "grab" foram Sandokan e Tremal-Naik, com a cimitarra na mão direita e uma pistola na esquerda.

Yáñez, por sua parte, descarregava rajada sobre rajada em cima do outro veleiro, impedindo-o de ir em ajuda a seu companheiro.

Foi rápido como um raio a invasão dos piratas. Quase sem fazer uso das armas se apoderaram da coberta.

Ante aquele inesperado assalto, os *thugs*, mesmo em maior número, se dispersaram pela toldilha sem opor resistência.

Mas ao escutar as ordens de seu chefe, começaram a reunir-se atrás do mastro triquete, que havia caído, e uivando como feras, atiravam contra Sandokan e os seus.

Não faziam uso de seus clássicos laços, porque não podiam utilizá-los em um combate corpo a corpo.

O choque foi espantoso, mas as pequenas e leves cimitarras dos *thugs* não puderam resistir aos pesados "*parangs*" dos tigres de Mompracem.

Encurralados por todas as partes, os *thugs* já iam se lançar ao mar para se salvarem, quando no *Mariana* se escutou:

— Fogo! Fogo!

Sandokan deteve o entusiasmo de seus homens com uma ordem breve e instintiva.

— Para o *Mariana*!

E enquanto Tremal-Naik, com a ajuda de alguns homens dava cobertura à sua retirada, o chefe pirata saltou sobre a amurada do "grab", e então, de um só salto, se colocou na tolda do parau.

Da escotilha grande do *Mariana* saía uma fumaça densa, que envolvia a mastreamento e as velas.

Ao que parece, algum pedaço de mecha ou um pedaço de corda acendida pelos tiros das colubrinas devia ter caído na estiva e ateado fogo no depósito das peças de troca.

O Tigre da Malásia, sem se preocupar com os incessantes e inúteis disparos do segundo "grab", ordenou:

— Preparem a bomba!

E então gritou a Sambigliong, que não havia abandonado a direção desde que Sandokan o havia encarregado disto.

— A bordo todo mundo! Vá para a saída do canal!

Naquele preciso instante Tremal-Naik e Kammamuri chegavam com os homens que haviam coberto a retirada.

Depois de cortar os ganchos de abordagem, se orientaram as velas, e o *Mariana* se apartou do "grab", passando rapidamente por diante da proa do segundo navio.

A retirada era necessária antes que o fogo fizesse voar a pólvora.

Enquanto os tigres de Mompracem rugiam furiosos por não terem podido acabar com seus adversários, estes se viam impotentes e estupefatos ao verem o *Mariana* se afastar rapidamente, sem temer que os "grabs" dos *thugs* os alcançassem.

Sandokan, percebendo a grave situação, disse:

— Para Diamond-Harbour!

Acreditava, e com razão, que os *thugs* iriam segui-los até aquele local, aonde, pelo menos, teria o socorro dos pilotos da estação no caso de um perigo extremo.

Como se houvesse adivinhado o pensamento do chefe pirata, o comandante do segundo "grab" mandou desdobrar velas rapidamente, dispondo-se a dar-lhe caça e a combatê-lo de novo antes que o Mariana pudesse sair do canal.

Sem dúvida acabava de compreender que a presa, que tanto desejava, estava escapando.

E entre gritos ensurdecedores dos *thugs* voltou a atirar contra o *Mariana*.

Sandokan soltou uma exclamação de fúria ao ver tanta obstinação por parte do inimigo, quase vencido.

— Ah! — exclamou. — Ainda quer me caçar? Esperem um momento!

Virou-se para o bengali, que se ocupava em organizar o pessoal para apagar o fogo, e gritou:

— Tremal-Naik! Corra aqui!

Este, ao ouvir o chamado do chefe pirata acudiu rapidamente.

— O que foi?

— Você e Kammamuri estão encarregados de debelar o incêndio. Mas primeiro, traga Surama e a viúva para a ponte, porque estão encerradas na câmara! Certo?

E imediatamente Sandokan foi para a popa, aonde havia ordenado a Yáñez que colocasse as peças de artilharia de proa para contra-atacar os pequenos canhões do "grab".

115

— Deixe-me ajudá-lo, irmão — disse ao português. — Vamos ver se desmontamos esse veleiro de uma vez.

— Não creio que demoremos muito — respondeu Yáñez.

— Aqui há uma bateria que irá escaldar a pele dos *thugs*. Vamos tatuá-los com balas e pregos.

— Eu me encarrego das colubrinas de estibordo, e você se ocupa das de bombordo — disse Sandokan.

Dirigiu-se então para os homens que os rodeavam e acrescentou:

— Vocês, deem cobertura à bateria com seus fuzis.

Nesse meio tempo, o "grab" continuava avançando, como se tivesse intenção de abordar o *Mariana*. Sandokan se inclinou sobre uma das colubrinas e mirou atentamente a coberta do veleiro inimigo.

— Abram fogo! — gritou de repente.

Dois canhoneios ressoaram na coberta do parau. Sandokan e Yáñez haviam disparado sua colubrinas ao mesmo tempo.

Em seguida se viu como o mastro do triquete do "grab", alcançado um pouco mais abaixo do cesto da gávea, oscilava um instante, para cair depois com grande estrépito através da borda de bombordo, a qual se fez em pedaços com o golpe.

A tolda se encheu de lascas e de cordoaria, cobrindo os dois canhões do castelo de proa e criando a confusão entre os tripulantes.

— Agora a metralha! — gritou Sandokan. — Limpemos a coberta de bandidos!

Aos primeiros seguiram-se outros dois tiros.

Entre os *thugs* se elevaram gritos terríveis de dor e de raiva.

Ainda que no veleiro inimigo suspendessem o fogo, a bordo do *Mariana* continuava o incessante canhoneio.

Yáñez e Sandokan, que eram magníficos atiradores, disparavam sem trégua, ora contra o casco, ora enviando uma verdadeira tempestade de metralha sobre a coberta, indo de popa a proa.

Alternavam seus disparos com tal rapidez, balas e pregos, que impediam os *thugs* de se desembaraçarem do mastro que imobilizava o "grab".

❧☙☜☞

Cinco minutos mais tarde o veleiro inimigo não era mais que um tabuão sem mastro nem velas, tomado de madeiras partidas e de cadáveres.

Apesar disso, no entanto, o *Mariana* não diminuía o fogo. Sucediam-se as balas e as metralhadas, enquanto as carabinas dos piratas dizimavam a tripulação do "grab".

O outro navio fazia desesperados esforços para socorrer a seu companheiro, mas privado do triquete, avançava com grande dificuldade e seus canhonaços não produziam efeito, pois os projéteis mal chegavam até o parau.

— Vamos! — disse Sandokan. — Outra rajada, Yáñez, e teremos terminado!

Em um curto espaço de tempo se sucederam quatro disparos certeiros, que abriram quatro novos buracos no casco do "grab".

Em seguida se viu como o pobre barco, que ainda se mantinha flutuando por um milagre de equilíbrio, se inclinava bruscamente sobre bombordo, que era por onde entrava água através das fendas do costado, e tombava, ficando somente a quilha para fora da água.

Rapidamente os tripulantes se lançaram à água nadando como desesperados. E enquanto uns se dirigiam para a ilhota, outros iam em direção ao segundo "grab", que havia ficado imóvel sobre uma foz do canal.

— Continuamos os disparos? — perguntou Yáñez.

— Não, deixe que os enforquem em outro lugar — respondeu Sandokan. — Creio que já receberam o bastante. Não acha?

Voltou-se então para seu contramestre:

— Sambigliong, volte a subir o canal!

Então se dirigiu para a escotilha, onde a fumaça continuava saindo.

— Como está isso? — perguntou com ansiedade.

— Já não há perigo algum — respondeu Tremal-Naik. — O incêndio está dominado por completo.

— Menos mal! Por um instante temi pelo meu *Mariana*.

— Aonde vamos agora?

— Creio que o melhor será irmos até Diamond-Harbour.

— Que surra levaram os *thugs* — regozijou-se Tremal-Naik.

— Sim, me parece que por algum tempo não nos molestarão.

— E o outro "grab"?

— Não se move. Deve ter encalhado — respondeu Sandokan. — Está tão maltratado que não poderá nos seguir. Assim, desembarcaremos sem que nos molestem e logo enviaremos o parau a Raimatla sem temor que vigiem nossos movimentos. Nós os devastamos!

— E poderemos ir a Khari, desembarcando ao sul?

— Sim, através da selva.

— Ainda que ali haja tigres não me assustam dez ou doze milhas através do bambuzal.

O chefe pirata sorriu e logo ordenou a seu contramestre:

— Sambigliong! Continue navegando, e vire a estibordo no extremo da ilhota. Voltaremos ao Hugly!

O robusto malaio assentiu com a cabeça e obedeceu ao comando do Tigre da Malásia.

XI
NA SELVA

Apesar da inferioridade numérica, o *Mariana* havia saído do encontro com os "grabs", muito bem. Não havia sofrido grandes danos.Todas as avarias eram fáceis de reparar.

Ainda que de pouca espessura, a blindagem do casco havia sido suficiente para rechaçar as balas do canhoneio dos "grabs".

A vitória de Sandokan e os seus havia sido completa. E enquanto um "grab" ficava encalhado e fora de combate, o outro acabou por afundar, depois de estar um tempo com a quilha para o ar.

Era inegável que os sanguinários *thugs* não deviam estar muito satisfeitos com o resultado da primeira batalha contra os temíveis tigres de Mompracem, a quem acreditavam poder destroçar facilmente antes que saíssem do Hugly.

Sambigliong guiou o *Mariana* tão habilmente que pouco depois tornava a entrar no rio.

Como o incêndio havia sido extinto por completo, nenhum perigo ameaçava ao parau, que agora descia tranquilamente o rio sem temer que o perseguissem.

— Aonde desembarcaremos? — perguntou Yáñez a Sandokan, que estava inspecionando as margens do rio Hugly.

— O melhor será descermos uma dúzia de milhas. Não quero que os *thugs* nos vejam desembarcar! — respondeu o chefe pirata.

— A cidade está muito longe?

— Não, a poucos quilômetros, segundo me disse Tremal-Naik. No entanto, teremos que atravessar a selva.

— E daí? Não creio que seja tão perigosa como os bosques virgens de Bornéu.

— Também penso assim, mas os tigres abundam entre os bambuzais.

— Bah! Faz muito tempo que conhecemos a esses animais. Além disso, não viemos ao Sunderbunds para nos encontrarmos com eles?

— Está certo, Yáñez — respondeu sorrindo Sandokan.

— Acredita que os *thugs* sabiam dos nossos projetos?

— É possível. No entanto, não creio que soubessem o local aonde íamos desembarcar.

— Certamente achavam que queríamos assaltar o seu refúgio pela parte do Mangal.

— Acha que ainda tentarão nos seguir?

— Certamente, mas o mais provável, é que cheguem demasiado tarde. Sambigliong já recebeu ordens para que não se deixe surpreender no interior dos Sunderbunds.

— Quais são as ordens? — perguntou Yáñez.

— Ele irá esconder o parau no canal Raimatla, depois de ter desmontado o mastreamento, e cobrirá o casco com galhos e folhagens, para evitar que os *thugs* nos descubram.

— Mas, como entraremos em contato com eles? Sua ajuda nos poderia ser muito útil.

— Kammamuri é quem se encarregará disso.

— Ele ficará com Sambigliong? — perguntou o português.

— Sim.

— Até quando?

— Pelo menos até que o parau tenha chegado a Raimatla. Ele conhece estes lugares muito bem, e não creio que seja muito difícil encontrar um local apropriado para esconder nossa embarcação. Os *thugs* nos demonstraram serem muito espertos, e agora nós temos que demonstrar que o somos mais.

— Nisso não teremos problemas — assegurou Yáñez.

— Espero poder afogá-los a todos dentro de seus subterrâneos.

— O *manti* não deve ficar sem vigilância. Recomende a Sambigliong que não o perca de vista. Se esse homem conseguisse escapar, nos veríamos em sérios apuros.

— Não se preocupe, Yáñez! Sempre teremos um homem o vigiando, tanto de dia como de noite.

Naquele momento, uma voz perguntou atrás deles:

— Vamos nos aproximar? Já ultrapassamos a ilha e não seria muito conveniente nos afastarmos muito do caminho que leva a Khari. Os selvagens pressentem muitos perigos.

— Estamos prontos para desembarcar — disse Sandokan.

— Mande preparar a chalupa. Acamparemos em terra.

— Para passar a noite temos um magnífico refúgio — disse Tremal-Naik. — Olhem, ali temos duas torres de náufragos. Estaremos muito bem lá dentro.

— Quantos homens nos acompanharão? — perguntou Yáñez.

— Serão suficientes os seis que já escolhemos — disse Sandokan. — Se levarmos um número maior, poderíamos levantar suspeitas nos *thugs* de Raimanmal.

— E o que faremos com Surama? — perguntou Yáñez.

— Como pode nos ser muito útil, nos acompanhará.

O *Mariana* ancorou a cerca de uns duzentos metros da margem.

A chalupa já estava flutuando na água.

Depois de dar as últimas instruções a Sambigliong e a Kammamuri, recomendando-lhes a maior prudência, Sandokan desceu até a barca, aonde o esperavam os seis homens escolhidos que iriam acompanhá-lo. Lá já estavam Surama e a viúva, a qual pensavam em deixar na casa de Tremal-Naik.

Bastaram poucos minutos para atravessarem o rio e saltar em terra, nas margens da imensa selva, a muito poucos passos da torre dos náufragos.

A torre era muito parecida à que Yáñez e Sandokan tinham visto à entrada do rio. Era uma construção em madeira, com cerca de doze metros de altura. Escritas em quatro idiomas com pintura negra se podiam ler algumas advertências.

O primeiro que se decidiu a subir foi Sandokan. Em seguida foram a viúva e Surama.

Só havia um aposento, onde cabiam apenas umas doze pessoas. Das travessas do teto se podiam ver presas várias redes, e um rudimentar aparador, no qual haviam vários recipientes de barro, carne salgada e biscoitos.

O mais certo é que não havia muita fartura para os náufragos, mas ao menos não corriam o perigo de morrer de fome durante algum tempo.

Assim que todos entraram, Tremal-Naik ordenou retirar a escada pela qual haviam subido, para evitar que os tigres que rondavam por aqueles lados pudessem atacá-los.

As redes foram ocupadas pelas duas mulheres e os chefes. Os seis malaios se deitaram no chão, com a arma preparada.

A noite transcorreu na maior tranquilidade. Somente os uivos de algum animal faminto perturbavam o silêncio.

Quando despertaram, o *Mariana* já não se encontrava ali. Àquelas horas estaria chegando à desembocadura do Hugly, para costear depois as cabeceiras de Araca, que se estendem diante dos terrenos pantanosos dos Sunderbunds, e que servem de proteção às grandes ondas do golfo de Bengala.

Só o que se via era uma pequena barca, coberta com um toldo, que subia tranquilamente o rio, margeando a orla. Quatro remadores meio desnudos a tripulavam.

Pela selva não se distinguia nem um só ser humano, somente pássaros aquáticos, especialmente os colossais "nim", algum "tara" e numerosos patos.

— Não se preocupem com o que estão vendo — disse Tremal-Naik, — isto não é mais que o começo do delta do Ganges.

— A paisagem irá mudar? — perguntou Sandokan.

— Certamente.

— Não compreendo como os *thugs* escolheram esta parte tão insalubre do país — disse Yáñez.

— A febre deve grassar por esta região, não é mesmo? — perguntou Sandokan.

— Sim, e a cólera também, que causa numerosas vítimas — respondeu Tremal-Naik.

— Então, por que insistem em viver aqui?

— Porque se encontram mais seguros, já que ninguém se atreveria a infiltrar-se nestes pântanos infestados.

— Isso não nos assusta — disse Sandokan. — Já estamos acostumados a estes ambientes.

— Se estas terras são tão desabitadas, contra quem se dirigem os *thugs* de Suyodhana? — perguntou Yáñez.

— O desgraçado que surpreendem longe de seu vilarejo paga por todos! — respondeu Tremal-Naik. — Nunca faltam vítimas para Kali. Não se deve esquecer que os *thugs* têm emissários em todas as províncias setentrionais da Índia.

— Sim, é uma seita muito poderosa — disse Sandokan.

— Onde quer que haja uma peregrinação — prosseguiu o bengalês, — acodem os *thugs*, e um bom número de peregrinos não regressa para suas casas. Em Raimanmal era conhecido um sectário da deusa que caçava a laço os que se dirigiam às grandes funções religiosas de Benarés, e que já havia estrangulado 717 pessoas.

— Que barbaridade! — exclamou o chefe pirata.

— Tudo o que digo é verdade. E quando o prenderam, aquele miserável assassino manifestou um grande pesar: o de não haver conseguido chegar a mil estrangulamentos.

— Era um animal com aparência de homem! — exclamou Yáñez.

— Não se pode imaginar os estragos que esses bandidos cometiam até há poucos anos — respondeu Tremal-Naik.
— Basta dizer que esses ferozes assassinos despovoaram algumas regiões da Índia central.
— E que prazer encontram matando?
— Não sei. Para se ter uma ideia é preciso escutar a um *thug*.

"Vocês encontram uma grande satisfação — me disse um desses monstros a quem eu interrogava sobre este assunto — em atacar uma fera em seu refúgio, em imaginar o meio de matar uma pantera ou um tigre, sem que corram grave perigo, sem que tenham que usar grande valor para desafiá-los.

"Pois bem, o atrativo é muito maior quando a luta é com o homem, com um ser humano, ao qual é preciso atacar e destruir sem piedade.

"Além disso, além do valor, é preciso outras faculdades, tais como a astúcia, a diplomacia e a prudência.

"Colocar em jogo todas as paixões, fazer vibrar o sentimento do amor, da amizade, para que a presa caia ao fim na rede, é uma coisa sublime, que embriaga. É um delírio inexplicável.

"Esta foi a resposta que obtive daquele infame, que já havia oferecido à deusa Kali algumas centenas de vítimas.

"O assassinato é lei para os *thugs*, matar lhes produz uma alegria sem limites, porque o cumprem como um dever. Para eles é um supremo prazer assistir a agonia de uma pessoa a que tenham ferido."

— Resumindo, para esses assassinos é uma arte matar alguém inofensivo — disse Yáñez. — Me parece que será impossível fazer uma apologia mais perfeita do delito.

— Os *thugs* são numerosos? — perguntou Sandokan.

— Calcula-se cerca de cem mil, repartidos a maior parte pela baía do Nerbudda, no Ande e pelas selvas de Bundelkund.

— E todos esses sectários de Kali obedecem a Suyodhana?

— Sim, todos o reconhecem como chefe supremo — respondeu Tremal-Naik.

— Por sorte, os outros estão longe — disse Yáñez. — Porque se eles se reunissem nos Sunderbunds, não nos restaria outra solução senão embarcarmos no *Mariana* e regressarmos a Mompracem.

— Não deve haver muitos em Raimanmal, nem creio que, mesmo quando Suyodhana se visse ameaçado, chamaria os *thugs* de outras regiões — replicou o bengali. — O Governo de Bengala os mantém sob estreita vigilância.

— Tudo isso está muito bem, mas o certo é que não fez nada para acabar com os de Raimanmal! — disse Sandokan.

— É que agora está muito ocupado com essa insurreição que acaba de estourar na Índia setentrional. Vocês já sabem que há alguns dias um regimento de sipaios fuzilou em Merut e em Cawnpore seus comandantes. Talvez quando aplaquem a revolta, se decidam a dar o golpe mortal nos *thugs* dos Sunderbunds.

— Então, espero que os *thugs* não existam até lá — disse Sandokan rindo satisfeito. — Não vamos deixar que eles nos escapem, não é verdade, Yáñez?

— Logo o veremos! — respondeu o português. — Vamos embora, Sandokan, não gosto deste lugar. Além disso, quero ver nossos elefantes.

Surama e a viúva prepararam o café, e depois todos desceram.

Três homens, armados de "parangs", iam na frente, a fim de abrir passagem através do labirinto de plantas parasitas e dos gigantescos bambus.

Caminharam sob os raios de um sol abrasador. Quem nunca viu as selvas dos Sunderbunds não pode ter ideia de seu aspecto desolador.

Apesar da vegetação exuberante, sua cor não pode definir-se e parece sem vida. Aquele mar de enormes canas e de plantas parasitárias tem um tom amarelado.

Na realidade, é muito raro ver ali uma só mata de cor verde brilhante. Todas as plantas nestes pântanos são muito altas e se desenvolvem com vertiginosa rapidez.

No entanto esta vegetação tem um algo de infinita tristeza que impressiona vivamente a quem se atreve a entrar por entre aquele caos vegetal.

Aqui nasce o terrível mal asiático, a espantosa cólera-morbo, que quase todos os anos faz estragos em muitos povoados do mundo.

De fato, com rapidez espantosa os micróbios se desenvolvem e se propagam sob aquelas plantas, e não esperam senão os peregrinos indianos para estender-se pela Ásia, África e até pela Europa.

Esta é a atmosfera que os paupérrimos nativos respiram em suas míseras aldeias, afogados entre aqueles imensos canaviais. No entanto, são muito poucos os que morrem por causa do cólera. Pelo contrário, os europeus, não acostumados a esse clima, caem abatidos em pouco tempo.

Era o aliado dos *thugs*, melhor que todas as barreiras e fortalezas para manter apartadas as tropas do Governo de Bengala.

O cólera não é o único mal que se encontra disseminado entre aqueles pântanos. As serpentes, os crocodilos, os rinocerontes e os tigres, se reproduzem de um modo assombroso e são abundantes.

Os Sunderbunds são tristes, mas, no entanto, é o paraíso dos caçadores, pois neles habitam os animais mais temíveis da Índia. Estes vivem seguros, sem correr nenhum risco, a despeito dos encarniçados caçadores e dos oficiais ingleses, que não se atrevem a penetrar entre aquela vegetação, porque sabem que ali correm grande risco de vida.

Ao europeu está vedado por completo o enfrentar-se com os perigos dos Sunderbunds, porque sob a sombra dos cálamos e das canas, o aguarda a morte.

Não há quem escape. Quando consegue livrar-se das garras do tigre, dos dentes dos crocodilos, da venenosa mordedura da cascavel, sucumbe infalivelmente aos micróbios do cólera.

O pequeno pelotão avançava lentamente, mas sem se deter. Iam se internando pouco a pouco através do matagal, pois não haviam conseguido encontrar o menor sinal de uma trilha.

Os malaios da escolta, dotados de uma resistência e de um vigor fora do comum, e acostumados ao manejo dos *"parangs"*, iam abrindo passagem, insensíveis aos raios do sol, sem conceder-se o mais leve descanso.

À medida que iam caindo as gigantescas canas, tanto à direita como à esquerda, as mulheres avançavam seguidas pelos chefes. Estes vigiavam atentamente o matagal para evitar que caísse de improviso sobre eles alguma das inumeráveis feras que rondam aqueles arredores.

Naqueles quinhentos passos haviam percebido por duas vezes o característico odor dos tigres. No entanto, nenhum se havia atrevido a saltar, talvez espantado pelo brilho dos canos das carabinas e pelo número de pessoas.

Pouco a pouco, a vegetação ia se tornando mais espessa, e abrir caminho se convertia numa prova de habilidade e destreza para os pacientes malaios.

A grande quantidade de plantas parasitas de incrível resistência e os charcos de águas turvas e fétidas, os obrigavam a fazer grandes desvios.

O calor que reinava no meio daquele matagal era sufocante. Os malaios suavam abundantemente, e Yáñez, que por ser europeu resistia muito menos ao sol, se encontrava completamente esgotado.

O pobre português, que parecia haver saído de um banho, tão molhadas de suor estavam suas roupas, exclamou:

— Prefiro mil vezes nossos bosques virgens de Bornéu. Ainda demora muito para sairmos daqui? Parece que me encontro no interior de um forno!

Tremal-Naik, que parecia encontrar-se muito à vontade em meio daquela vegetação, respondeu:

— Pelo menos umas dez ou doze horas mais.

— Quando chegarmos a seu bangalô, meu estado será digno de compaixão. Que lugares mais charmosos os *thugs* escolheram para seu refúgio! Não podiam buscar outra coisa melhor? Que o diabo os leve!

— Este é o melhor lugar que puderam encontrar, Yáñez. Ao levantar acampamento nestes terrenos, deram prova de que são espertos. Quer melhores guardiões do que as febres, o cólera, os pântanos e as feras?

— Tem razão, mas teremos que andar durante muito tempo por estas malditas selvas? — perguntou Yáñez.

— Sim, durante algumas semanas. No entanto, quando subir no lombo dos elefantes, verá que o ar que se respira é muito melhor, e além disso...

Tremal-Naik se calou e se manteve atento durante alguns segundos, olhando ao redor.

— O que foi? — perguntou Yáñez, pegando a carabina e preparando-se para disparar.

Os malaios que iam adiante abrindo caminho, também se detiveram. Rapidamente se ajoelharam no chão e escutaram com atenção, com a orelha em contato com a terra.

Uma espécie de atalho suficientemente largo para deixar passagem a três ou quatro pessoas se abria diante deles. Notava-se que havia sido aberto há pouco, já que as árvores derrubadas tinham ainda as folhas verdes.

Sandokan, que ia escoltando a viúva e Surama, ao notar que algo estranho acontecia, se dirigiu para o grupo.

— O que aconteceu? — perguntou.

— Descobrimos uma trilha — disse um dos malaios. — Mas foi aberta por um animal que marcha adiante de nós, e, segundo se pode ver, acaba de passar por aqui há poucos minutos.

Tremal-Naik lançou uma olhada ao chão e observou algumas pegadas de grande tamanho.

— Temos um rinoceronte à nossa frente — disse. — O mais certo é que, ao ouvir os golpes dos "*parangs*", tenha fugido. Deveria estar de bom-humor, porque senão nos teria atacado sem termos tempo de nos defendermos.

— Sabe para onde está indo? — perguntou Sandokan.

— Para o noroeste — respondeu um malaio, que levava uma bússola.

— Essa é nossa direção — disse Tremal-Naik. — Como está abrindo o caminho, vamos aproveitar! Evitaremos nos cansar.

— De todo jeito, preparem as armas, caso ele resolva voltar sobre seus passos — disse Yáñez.

— Nesse caso, o receberemos com todas as honras — disse Sandokan. — As mulheres ficarão na retaguarda, e nós iremos à frente.

— Começaremos nossa caçada! — afirmou Tremal-Naik.

XII

O ATAQUE DO RINOCERONTE

O perigoso paquiderme, certamente se encontrava ali para proteger-se dos fortes raios do sol, que com frequência lhe empolam a pele em poucos minutos.

Ao ouvir o ruído que faziam os *"parangs"*, ao cortar as árvores, havia se afastado para evitar a presença dos homens.

O animal devia estar em um momento de bom-humor, como disse Tremal-Naik, para abandonar o terreno sem enfrentar os homens.

Estes paquidermes, donos de prodigiosa força e extrema agilidade, não evitam quase nunca a luta. Além disso, possuem no chifre uma terrível arma, que fere sem a menor dificuldade até a um elefante.

Quando se lança à carga com um furor cego, não há quem o possa deter. O único ponto vulnerável é o cérebro, mas é necessário feri-lo em um dos olhos, coisa não muito fácil, porque a espessura de sua pele o protege das balas.

Sandokan, que sabia todos estes detalhes, se havia adiantado no atalho, seguido de Yáñez e Tremal-Naik.

O caminho que ia abrindo o formidável paquiderme se prolongava rumo a noroeste, em direção a Khari.

— Quanto trabalho está nos poupando — comentou Sandokan.

— Sim, e além disso, ganhamos muito tempo — disse Tremal-Naik.

Vigiando atentamente, os três caçadores avançavam com precaução para evitar qualquer surpresa. De vez em quando detinham-se durante uns instantes para escutar.

— Não se escuta o mais leve ruído — disse Yáñez.

— Isso é sinal de que o rinoceronte está bem à nossa frente — acrescentou Tremal-Naik.

— Ele está nos ajudando muito — disse Sandokan. — Ele deveria ir até à porta de seu bangalô!

— E entrar também nas cavalariças! — respondeu rindo o bengali. — Não lhe negaria uma boa ração de folhas e raízes recém-cortadas.

— O certo é que continua marchando na direção que nos interessa.

— Esperemos que seja por muito tempo — disse Sandokan.

Desta forma continuaram avançando, seguidos a uns cinquenta passos pelos malaios que escoltavam Surama e a viúva. Finalmente, a coisa de uns setecentos ou oitocentos metros, observaram que os bambus começavam a ficar menos espessos.

Também escutaram um grande ruído produzido pelas aves aquáticas enquanto se banhavam em algum lago.

— Creio que logo desembocaremos em um descampado — disse Sandokan. — Uma rajada de ar fresco nos serviria às mil maravilhas.

— Cuidado! — disse Tremal-Naik. — Atenção ao rinoceronte!

— Não se escuta nada!

— Talvez tenha parado. Yáñez, dê o sinal aos três malaios da escolta. Os "*parangs*" são armas estupendas para os tendões desses ferozes animais.

Andaram uns passos mais até que se encontraram em um plano, em meio do qual havia um estanque de água amarelada tomado de folhas de lótus e de bambu.

Viam-se na orla oposta umas ruínas. Arcadas, fragmentos de colunas, pedaços de muros caídos, restos, com certeza, de algum pagode muito antigo.

O Tigre da Malásia olhou o estanque, mas retrocedeu rapidamente, ocultando-se entre a folhagem.

— O animal está ali! — disse. — E me parece que só nos esperando para atacar!

— Vejamos como é esse animalzinho! — disse Yáñez.

Em seguida se lançou ao chão, e deslizou, como uma serpente, por entre as canas.

Não tardou em ver o colosso parado na margem do estanque, com as patas meio afundadas na lama e a cabeça baixa.

Devia ser um dos maiores de sua espécie, pois parecia tão grande como um hipopótamo, e media perto de quatro metros de comprimento.

O rinoceronte estava protegido por sua grossíssima pele como dentro de uma armadura, impenetrável para as balas que então se usavam.

Com a cabeça curta e quase triangular, afundada entre as maciças e disformes omoplatas, parecia esperar os caçadores para atacá-los com seu agudo chifre, que tinha perto de um metro de comprimento.

— Não gosto dessa atitude! — disse Yáñez a Tremal-Naik, que havia se aproximado cautelosamente. — Quer apostar que ele não nos deixará a passagem livre?

— Esses animais são muito teimosos — respondeu o bengali. — Por isso creio que demorará a sair de onde está.

— Então o fuzilaremos daqui e em paz. Podemos derrubá-lo com seis balaços.

— Humm... Duvido, meu amigo!

— Pois Sandokan e eu já matamos vários rinocerontes nos bosques de Bornéu. É preciso dizer, no entanto, que aqueles não eram tão grandes como este.

— É difícil feri-lo mortalmente quando está parado.
— Por que? — perguntou Yáñez.

— Porque quando está parado, as placas que formam sua couraça estão aderidas umas contra as outras, e impedem que as balas penetrem profundamente no corpo. Mas quando caminham, as placas se separam e deixam a descoberto os tecidos mais moles. É quando há mais probabilidades de feri-lo mortalmente.

— Por minha parte tanto faz matá-lo aqui ou em outro lugar. Creio que o melhor será dar a volta ao estanque para evitar seu encontro.

— Era o que eu queria propor-lhes. Antes de tudo temos de procurar nos aproximarmos das ruínas desse pagode. Ao abrigo das paredes e das colunas, poderemos cuidar deste animal com tranquilidade.

— Temos que fazer com que ele não adivinhe nossa manobra.

— Não se moverá, enquanto não nos ver — replicou Tremal-Naik.

Regressaram junto a Sandokan, que naquele momento consultava os malaios do que devia ser feito.

— Não quero expor as mulheres a uma acometida do rinoceronte — dizia.

A proposta de Tremal-Naik foi aprovada por todos. Aquela parte da orla estava cheia de rochas enormes e pedregulhos, e era de esperar que ali o rinoceronte não pudesse se mover com facilidade nem usar toda sua força no ataque.

Depois de se certificarem de que o paquiderme não se movia de onde estava, cautelosamente se introduziram por entre os bambus, e rodearam o estanque sem fazer o menor ruído.

Já estavam chegando às ruínas, quando escutaram um som agudo, como o soar de uma trompa, seguido de um pesado galope que fazia tremer o chão, como se estivesse acontecendo um terremoto.

O paquiderme se precipitava rumo a selva, supondo que seus inimigos se encontrassem ali.

Yáñez pegou Surama por um braço, ao mesmo tempo em que gritava:

— Corram! Vai nos atacar por trás!

Aquela ordem tão inoportuna fez com que o rinoceronte, dando um giro brusco se precipitasse para o local onde via oscilar os bambus, em lugar de se dirigir para o atalho que ele mesmo havia aberto.

Parecia um trem desgovernado. Os enormes bambus que se interpunham em seu caminho caíam quebrados como se fossem grama. Seu corpo enorme servia para arrancar as intrincadas massas de plantas.

Ao ver o enorme monstro que corria em sua direção, as duas mulheres e os piratas começaram a correr o mais que podiam.

Bastaram poucos minutos para chegarem às ruínas. Esconderam-se atrás de enormes blocos de granito, e no momento se consideraram a salvo.

O rinoceronte com o chifre deitado horizontalmente e a cabeça roçando o chão, saía naquele momento do bambuzal, disposto à luta.

Yáñez e Sandokan, que haviam se refugiado atrás de um pequeno muro, restos do recinto exterior, dispararam ao mesmo tempo, quase a queima-roupa, quando o viram avançar.

O animal, talvez ferido em alguma carapaça, corcoveou como um cavalo, e sem demora arremeteu contra o muro, o qual não pôde resistir àquele poderoso encontrão, despencando.

Os dois piratas foram rodando pelo solo ao desmoronarem-se todos os pedregulhos.

Um grito de terror escapou dos lábios de Tremal-Naik, que se encontrava sobre um bloco de pedra com Surama e a viúva. Um terrível mugido respondeu ao grito de Tremal-Naik.

O rinoceronte havia caído ao chão agitando fortemente suas patas traseiras.

— Este é nosso! — gritou uma voz.

Ao mesmo tempo um dos malaios, com o "parang" disposto para qualquer eventualidade, saltava das ruínas do muro, para ir em socorro de Yáñez e Sandokan.

O valente malaio, ao ver o perigo em que se encontravam seus chefes, atacou por trás o rinoceronte, cortando-lhe com a pesada arma os tendões das patas traseiras. Com aquelas feridas, o animal não poderia sobreviver durante muito tempo.

Efetivamente, o rinoceronte caiu, soltando um espantoso bramido, mas imediatamente voltou a levantar-se. Aqueles poucos segundos foram suficientes para que os dois piratas e o malaio se colocassem a salvo atrás de uma enorme pedra.

Os demais iam disparando sem interrupção contra o pesado animal. Este, ferido em várias partes e com as patas prejudicadas, girou sobre si mesmo duas ou três vezes como se estivesse louco, emitindo roucos bramidos. Por fim se lançou sobre o estanque, deixando atrás de si rastros de sangue. Buscava aliviar suas feridas na frescura da água. Durante vários minutos se agitou entre o revolto lago, depois tentou se aproximar da margem, mas não teve forças suficientes para consegui-lo.

Dando um rouco bramido caiu novamente sobre um grupo de canas. Já não podia se levantar.

Ainda sacudiram aquele enorme corpo vários espasmos de agonia. Depois ficou rígido e afundou pouco a pouco no lodo do estanque.

— Este foi seu último suspiro! — exclamou Yáñez. — Estes bichos são mais terríveis que os tigres.

— É verdade! — disse Tremal-Naik, lançando um olhar ao rinoceronte que ia se afundando pouco a pouco.

— Derrubou a muralha como se fosse de papel. Se não fosse pelas facadas que levou nas patas, não sei onde estaríamos a esta hora.

— Esta facada que o malaio desferiu, se chama do elefante, não é certo? — perguntou Tremal-Naik.

137

— De fato — respondeu Sandokan. — Em nosso país, matamos estes paquidermes cortando-lhes os tendões das patas traseiras.

— Pelo que vejo é muito efetivo — disse Tremal-Naik.

— Sim, e além disso oferece menos perigo que qualquer outro método.

— O que vamos fazer com o chifre? — perguntou Yáñez.

— Seria uma lástima perdê-lo! — disse o bengali.

— Gostaria de levá-lo? — perguntou Sandokan

— Enquanto nossos homens arrancam o chifre, aproveitaremos para descansar e comer algo. Está fazendo muito calor para nos colocarmos a caminho novamente.

Perto do pagode haviam alguns tamarindos que projetavam alguma sombra, e foi para lá que se dirigiram.

Os víveres, que consistiam em biscoitos, carne salgada e bananas, foram distribuídos.

A atmosfera era menos sufocante que na selva, e o local era agradável. No entanto, os fortes raios de sol que caíam sobre o estanque produziam muita umidade e abafamento.

Um profundo silêncio reinava nas proximidades do canavial. Parecia como se os pássaros aquáticos, eternos falantes, se encontrassem amodorrados no imenso calor.

Quando terminaram de comer, Yáñez, Sandokan e Tremal-Naik se dirigiram ao pagode para contemplar os antigos muros e colunas, aonde se viam alguns fragmentos de escrita em língua sânscrita e estátuas que representavam animais fantásticos, tartarugas e elefantes.

— Este pagode pertencia aos *thugs*? — perguntou Yáñez a seus companheiros.

— Por que a pergunta? — inquiriu Sandokan.

— Porque lá em cima, no alto de uma coluna, vejo uma figura que se parece com a deusa Kali.

— Não — interveio Tremal-Naik. — Certamente era dedicado a Visnú; a figura de um ano está esculpida em todas as colunas.

— Esse deus era anão?

— Em sua quinta encarnação se fez anão, a fim de castigar o orgulho do gigante Bely, que havia vencido e expulsado os deuses do Sargón, quer dizer, do Paraíso.

— Seu Visnú é um deus muito famoso!

— Sim, o mais venerado depois de Brahma!

— E como ele se arranjou para vencer a um gigante? — perguntou curioso Sandokan.

— Por meio da astúcia. Visnú se havia proposto tirar do mundo todos os seres malvados e orgulhosos. Depois de ter vencido a muitos, pensou também em domar o orgulho de Bely, que dispunha do céu e da terra a seu bel-prazer, e se apresentou sob o aspecto de um brâmane anão.

"Naquele momento o gigante estava fazendo um sacrifício. Visnú se aproximou dele e pediu três passos do terreno, pois queria construir uma cabana. Bely riu-se da aparente imbecilidade do anão.

"— Não deve me pedir uma coisa tão pequena — disse.

"No entanto, Visnú insistiu no pedido, dizendo que para um ser tão pequeno como ele bastavam três passos.

"O gigante finalmente concordou, e para confirmar a doação verteu água nas mãos. Mas de repente Visnú adquiriu uma estatura tão grande que com seu corpo encheu todo o Universo. Com um só passo percorreu a terra, com o segundo, o céu, e para poder dar o terceiro passo intimou ao gigante para que cumprisse a promessa que havia feito, de dar-lhe o espaço dos três passos pedidos.

"O gigante reconheceu no ato a Visnú e ofereceu sua própria cabeça. Então, satisfeito com aquele ato de submissão, o deus o enviou para governar o Pandolon.

"— E lhe permito — disse, — que todos os anos, no dia do plenilúnio de novembro, venha à terra."

— Quem sabe os heroísmos que terá realizado em suas demais encarnações! — comentou Yáñez. — Naqueles distantes tempos os deuses indianos eram muito valentes e podiam transmutar-se a seu capricho, seja em gigantes, seja em anões.

— E em animais também — respondeu Tremal-Naik. — Visnú se transformou nove vezes até agora. E na décima encarnação, que realizará ao terminar a época presente, aparecerá sob a forma de um cavalo, com um escudo em uma pata e um sabre na outra.

— Me parece que nenhum de nós viverá então — disse Yáñez.

— Você acredita na chegada desse terrível cavalo? — perguntou Sandokan a Tremal-Naik com ironia.

O bengali sorriu sem responder, e se dirigiu ao estanque onde estavam os malaios, retirando o chifre do rinoceronte.

Conseguiram cortá-lo por fim e puderam comprovar que media um metro e vinte centímetros. Terminava em uma ponta quase aguda. É que os rinocerontes usam o chifre não somente como arma defensiva, mas também para cavar a terra em busca de certas raízes que constituem seu principal alimento.

Assim como os chifres dos cervos, renas, etc. são formados por substância óssea, os do rinoceronte se compõem de fibras aderidas umas as outras, e pelos aglutinados de matéria córnea, suscetível, não obstante, de receber um bonito polimento, e tão resistentes ou mais que o marfim.

Por volta das quatro da tarde o pelotão reiniciou a marcha e ao cair do sol chegava ao bangalô de Tremal-Naik.

XIII
O Devorador de Homens

Khari é um povoado de cabanas, cujas paredes são feitas de barro seco ao sol, e cujos tetos são de folhas de coqueiro.

Os habitantes de Khari resistem tenazmente às investidas dos tigres e panteras, do cólera e das febres malignas, tão-somente pela riqueza e prodigiosa fertilidade de seus arrozais.

Com efeito, aqui se produz em grande abundância o "benafuh", um arroz de grande qualidade, de grão muito longo e branco, que exala um perfume delicioso ao ser cozido.

O bangalô de Tremal-Naik não era tão bonito quanto o de Calcutá. Era uma vivenda antiga, de um só andar, com o telhado em ponta e uma varanda.

Dois monstruosos elefantes, guardados por seus correspondentes guias, comiam dentro do recinto, parando de quando em quando para soltar bramidos que faziam tremer as paredes do bangalô.

Aqueles elefantes eram de espécies diferentes, pois na Índia há duas raças muito diferentes, os que pertencem à "comareah", e têm o corpo maciço, a tromba grossa e as patas curtas, além de grande força; e os "merghee", mais altos e esbeltos, de tromba menos grossa, e passos mais rápidos. Ainda que esses sejam inferiores aos primeiros em robustez e força, são mais apreciados, por sua velocidade.

— São animais admiráveis! — exclamou Sandokan ao ver os elefantes.

— Espero que deem trabalho aos tigres dos Sunderbunds — replicou Tremal-Naik.

— Amanhã continuaremos a viagem no dorso destes animais? — perguntou Yáñez.

— Sim — respondeu o bengali. — Já deve estar tudo pronto para começarmos a caçada. Surama e nós iremos em um, e os malaios no outro. Darma e Punthy irão a pé.

— Darma! — exclamou Sandokan. — Mas, seu tigre está aqui?

Tremal-Naik deu um longo assovio, e neste instante um bonito tigre saltou no pátio e correu para esfregar o focinho nas pernas do bengali.

Sandokan e Yáñez, mesmo tendo escutado falar da docilidade daquela fera, retrocederam instintivamente; também os malaios, desembainhando seus "parangs" se protegeram atrás dos elefantes.

Quase ao mesmo tempo, um cão completamente negro e tão alto quanto uma pantera, com um colar de ferro eriçado de pontas agudas, saiu correndo de um galpão e ladrando alegremente foi em busca de seu amo.

Tremal-Naik os acariciou sorrindo:

— Estes são meus amigos! — disse. — Espero que sejam também amigos seus. Não tema, Sandokan, nem você, Yáñez. Anda, Darma, saúde aos "tigres" de Mompracem.

Depois de olhar seu amo, que apontava os dois piratas, a fera se aproximou deles balançando suavemente seu longo rabo. E depois de cheirá-los várias vezes e dar duas ou três voltas a seu redor, se deixou acariciar, manifestando sua satisfação com um prolongado ronroneio, característico dos felinos.

— É soberbo! — exclamou Sandokan. — Jamais havia visto nenhum tigre tão desenvolvido nem tão bonito.

— Nem tão fiel! — respondeu Tremal-Naik. — O mesmo que Punthy, o cão.

— Tem dois guardiões que espantarão aos *thugs*.

— Já os conhecem bem e sabem o quanto valem. Já provaram, algumas vezes, as garras de um e os dentes de aço que tem o outro.

Em seguida Tremal-Naik introduziu seus amigos em um salão modestamente mobiliado com cadeiras de bambu, onde um jovem fazia girar um ventilador, para manter o ar mais fresco.

O anfitrião, que havia adotado há muito tempo os costumes ingleses, mandou que seus criados servissem carne, legumes, cerveja e frutas. Comeram depressa, e logo foram descansar.

— Estejam prontos para partir às quatro da manhã — ordenou o bengali aos "cornacs", os guias dos elefantes.

No dia seguinte, todos foram acordados pelos latidos de Punthy. Depois de beber o café, Sandokan e Yáñez foram para o pátio, levando suas carabinas.

Tremal-Naik já se encontrava ali com os seis malaios e a jovem dançarina que devia acompanhá-los. Ambos os elefantes estavam preparados para iniciar a marcha.

E subindo pela escada de corda se colocou no "houdah", sobre o dorso do elefante.

Tremal-Naik, que já havia montado, seguido de Surama e de Yáñez, disse:

— Um campesino nos servirá de guia até o lugar aonde se esconde um "admikanevalla".

— E o que é isto?

— Um tigre que prefere a carne humana à dos outros animais. Um devorador de homens. Já surpreendeu e devorou várias pessoas do povoado. O jovem que nos guia se livrou milagrosamente de cair em suas garras.

— Pelo visto é um animal astuto — disse Yáñez.

— Sim, e que não se deixará caçar facilmente — respondeu Tremal-Naik. — Os "admikanevallas" são, geralmente, tigres velhos, sem a agilidade nem a força necessárias para caçar, atacando principalmente às mulheres e as crianças. Punthy o encontrará, ainda que esse devorador de homens use toda a sua astúcia.

— Aí está o guia — disse Yáñez.

De fato, na cancela apareceu armado de um ferrão um pobre homem, quase tão negro como um africano, pequeno e feio, que tremia por causa da febre e que cobria parte de seu corpo com uma espécie de pantalona.

— Suba, e fique diante de nós — ordenou Tremal-Naik.

Com a agilidade de um esquilo, o indiano trepou pela escada de corda e acocorou-se sobre o enorme dorso do elefante.

— Em marcha! — gritou o bengali.

Em seguida os "cornacs", que iam montados na cabeça do elefante, com as pernas escondidas atrás das enormes orelhas dos animais, empunharam umas lanças curtas com a ponta afiada e curva, e deram um grito agudo.

Os dois paquidermes responderam com um bramido ensurdecedor e se puseram em marcha, precedidos por Punthy e seguidos por Darma, o qual não parecia gostar muito da companhia dos elefantes.

Estes caminhavam a bom passo, e nunca duvidavam da direção. Bastava uma ligeira pressão dos pés dos "cornacs" e um ligeiro assovio para virarem à direita ou esquerda. Apesar disso, avançavam com certa precaução por temor de afundar-se em qualquer areal do qual lhes seria muito difícil sair.

A selva na qual avançavam se estendia até se perder de vista, ainda que como todas, era monótona e triste. Reinava um profundo silêncio naquele mar vegetal, pois as aves de passos longos, chamadas "trampolinistas", e que abundam nestas terras pantanosas, ainda dormiam.

Somente se ouvia o ronco e o gigantesco respirar dos dois elefantes e o ligeiro estalo das copas dos bambus ao se quebrar.

O sol não havia saído ainda e vagava pela atmosfera uma neblina pesada e amarelada, carregada de miasmas infectos que exalavam os vegetais em putrefação.

Era uma neblina perigosa, pois nela se ocultavam os micróbios do cólera e da febre, eternos hóspedes das águas do sagrado Ganges. Mas o calor não tardou em absorver aqueles vapores.

Yáñez, que de quando em quando molhava os lábios com um sorvo de conhaque, perguntou de repente:

— Verdade que os tigres fazem muitos estragos entre os nativos?

— Sim. Todos os anos são numerosos os desgraçados que caem nas garras e entre os dentes dos senhores "bag", como aqui lhes chamam — respondeu Tremal-Naik. — Calcula-se que morram uns quatro mil indianos por causa desses tigres, mas três quartas partes sucumbem sob as garras dos que pululam nos Sunderbunds.

— E isso todos os anos?

— Sim, Yáñez, todos os anos.

— E por que os nativos se deixam devorar pacificamente?

— Porque para fazer frente a essas feras se necessita coragem, e os nativos carecem dela.

— Então, não se atrevem a caçá-los?

— Não. Preferem abandonar suas aldeias quando um "devorador de homens" se faz demasiado guloso.

— Não sabem preparar armadilhas?

— Sim. Frequentemente abrem buracos fundos nos locais que essas feras frequentam, cobrindo-os com bambus muito frágeis, e terra. Mas a verdade é que raramente caem na armadilha.

— Por que?

— São demasiado astutos, e tão ágeis que, mesmo caindo no buraco, saem dele a maioria das vezes. Por isso utilizam outro sistema que dá melhor resultado. Servem-se de um árvore jovem, flexível e forte, que curvam, formando com ela um arco e atando-a pela copa a uma estaca cravada no chão. À corda unem a isca, que quase sempre é um cabritinho ou um leitão, disposto de modo que o tigre não possa tocá-lo sem meter primeiro a cabeça ou uma garra dentro de um nó corrediço.

— Que se aperta quando a árvore recobra sua posição natural, não é assim? — disse Sandokan.

— Exato! E desta forma o tigre fica prisioneiro.

— Prefiro matá-los com minha carabina!

— Os oficiais ingleses também pensam assim — respondeu Tremal-Naik.

— Eles caçam os tigres?

— Sim. De quando em quando realizam batidas com bons resultados. Recordo ainda a caçada organizada pelo capitão Lenox, na qual tomei parte e que quase me custou a vida.

— Algum tigre lhe atacou?

Tremal-Naik sorriu em lugar de responder.

— Conte-nos o que se passou — o animou Sandokan.

— Havia se organizado uma grande expedição para eliminar os tigres, que vinham causando estragos entre os habitantes dos Sunderbunds. Pressionados pela fome, haviam abandonado as ilhas do golfo de Bengala e adentrado até as aldeias dos nativos. Em apenas quinze dias devoraram quase uma centena de nativos, e no caminho de Sonapore surpreenderam a vários sipaios com seu sargento. Ao final sua audácia chegou a ponto de se aproximarem de Raimanmal e Port-Canning.

— Eles queriam trocar de país — disse Yáñez ironicamente.

— As primeiras escaramuças deram bons resultados — prosseguiu Tremal-Naik. — Os oficiais ingleses vigiavam tanto durante o dia como pela noite, e disparavam de locais protegidos. Em três dias caíram treze tigres.

"Uma tarde, chegaram ao acampamento dois nativos para nos advertir que haviam visto um tigre rondar pelas cercanias de um pagode.

"No acampamento só havia ficado eu: por causa de um ataque de febre, e vários "scikari". Apesar de não ter forças suficientes, me aproximei do pagode, acompanhado de um jovem "scikari".

147

"Ao chegarmos, o sol já havia se posto, e nos escondemos atrás de um grupo de "nundis", muito perto de um pequeno charco.

"Sabia que mais cedo ou mais tarde, a besta viria matar a sede, porque estes animais gostam de se esconder perto dos bebedouros, para surpreender aos antílopes enquanto bebem.

"Depois de duas horas de espera, já começava a perder a paciência, quando vi se aproximar lentamente um "nilgó", espécie de cervo com dois chifres agudos e retos. Sem pensar mais, e esquecendo-me do tigre, abri fogo.

"O animal caiu ferido pela bala, mas antes que pudesse alcançá-lo de novo, se levantou e entrou na selva. Ao ver que coxeava bastante, decidi segui-lo.

"Meu acompanhante ia atrás, com meu rifle de troca. Rapidamente, ao ouvir uns uivos, me detive.

"— "Sahib"! O "bag" está ali! — gritou ele.

"— Acalme-se! — respondi. — Logo teremos sua pele.

"Com a carabina empunhada me meti entre os "kalams", e a poucos passos me encontrei frente a frente com três tigres."

— Aquele momento deve ter sido terrível! — comentou Yáñez.

— As malditas feras haviam acabado por matar o "nilgó" e o estavam comendo.

"Ao me verem, lançaram-se contra mim. Sem pensar no perigo que corríamos, disparei sobre o mais próximo, partindo-lhe a espinha dorsal, ao mesmo tempo em que recuava, para evitar a acometida dos outros dois.

"— Dê-me o rifle! — gritei ao "scikari", estendendo-lhe a mão.

"Ninguém me respondeu. O porta-armas havia fugido ao ver as três feras, e eu me encontrava completamente indefeso ante aqueles terríveis animais.

"O terror pelo qual passei, nem é preciso lhes contar. Naquele momento vi a morte muito perto de mim."

— E o que aconteceu aos dois tigres? — perguntaram Yáñez e Sandokan com ansiedade.

— Não sei se vocês vão acreditar! Eles estavam a uns vinte passos de mim, quietos. De repente, tive uma inspiração que me salvou a vida.

— O que foi? — perguntou Yáñez.

— Apontei com a carabina descarregada e fiz saltar o gatilho. Ao ouvir o ruído metálico os dois animais, dando um enorme salto, desapareceram no matagal.

— Que sangue-frio!

— Mas no dia seguinte me encontrava de cama, com quarenta graus de febre — disse Tremal-Naik.

— Mas com a pele intacta — disse Yáñez. — Não acha que para salvar a pele bem mereceu ter um pouco de febre?

— Estou convencido disso.

À medida que iam avançando no terreno, este se tornava mais pantanoso e a marcha dos paquidermes se fazia mais cansativa.

— "Sahib" — disse então o nativo, — este é o local que o tigre frequenta. Vamos com cuidado, ele não deve estar longe!

— Amigos, preparem as escopetas e os fincões — disse Tremal-Naik. — meu cão Punthy já está na pista do "devorador de homens"! Escutem?

De fato, o cão acabava de lançar um ladrido muito comprido, sinal de que farejava o velho tigre.

Os elefantes diminuíram a velocidade da marcha a um comando dos guias. Eles também deviam pressentir a proximidade da perigosa fera, porque repentinamente se haviam tornado mais prudentes.

Principalmente o "comareah", que marchava adiante montado por Sandokan e seus companheiros. Como era mais baixo que o outro, corria o risco de que o tigre o surpreendesse antes de poder vê-lo.

Talvez por isso, apartava os bambus, e recolhia rapidamente a tromba, enrolando-a entre suas enormes presas. É que mesmo tendo a pele muito grossa, os elefantes são extremamente sensíveis, especialmente a tromba, que é delicadíssima.

É de se imaginar então, o cuidado que têm para não expô-la às garras de seus inimigos.

O Tigre da Malásia e seus companheiros ficaram de pé e com a carabina empunhada, procuravam descobrir o tigre, sem no entanto consegui-lo. Não era fácil ver o que havia entre aqueles vegetais tão altos e espessos que nasciam naquele local.

No entanto, devia fazer pouco tempo que havia passado por ali, pois ainda se via o rastro característico que esses animais deixam atrás de si.

— Certamente, os ladridos de Punthy devem tê-lo obrigado a afastar-se — comentou Tremal-Naik.

XIV
O Primeiro Tigre

Sandokan, que ia agarrado ao gatilho de sua carabina, perguntou, inquieto:

— Aonde terá se ocultado esse maldito tigre?

— Deve ter ido para seu refúgio. Talvez se deu conta de que não pode nos enfrentar.

— Então, irá nos escapar?

— Não creio. Se Punthy achou seu rastro, não o deixará facilmente.

— Não vejo Darma. Onde ele está? — perguntou Yáñez.

— Nos segue a distância — respondeu o bengali. — Não gosta dos elefantes, porque entre as duas raças existem ódios antigos.

— Calados! — disse Sandokan. — Me parece que Punthy o descobriu. Não estão escutando?

Furiosos latidos saíam de um grupo de bambus espinhosos.

— Talvez esteja lutando com o tigre — acrescentou Yáñez.

— Não, meu valente cão não se exporia a tal perigo — respondeu Tremal-Naik. — Não ignora que, apesar de sua força, as garras do tigre são mais fortes que seus dentes de aço.

— "Sahib", ele está vindo! — gritou o nativo, que estava em pé atrás do "houdah" e debruçado para fora.

— Você o viu? — perguntou Tremal-Naik.

— Sim, está escondido atrás daquelas plantas. Não está vendo como se movem? O "bag" desliza cautelosamente e tenta burlar o cão.

— "Cornac" — gritou o bengali, — leve o animal para adiante. Nós estamos prontos para disparar.

O condutor deu um silvo, e o elefante se dirigiu para o matagal, em meio do qual soavam a intervalos os ladridos de Punthy. Eram seguidos pelo "merghee" que levava os malaios.

Já não se percebia o odor selvagem que exalava a fera. O "comareah", no entanto, assustado com aquela caça perigosa, parecia que farejava a proximidade do terrível "devorador de homens".

O paquiderme começava a dar sinais de nervosismo. Sacudia sua enorme cabeça, resfolegava ruidosamente, e de quando em quando o acometia um forte estremecimento. Não era de se estranhar, já que está comprovado que os elefantes, apesar da enorme força, têm verdadeiro pavor dos tigres, tanto que, com frequência, se negam a seguir avançando e permanecem surdos aos comandos dos "cornacs".

O "comareah" que levava Sandokan e seus companheiros era um animal valente e acostumado às caçadas, que havia atirado contra as árvores muitos tigres ou os havia triturado sob suas patas.

Apesar disto, no entanto, experimentava certa excitação naquele momento. O mesmo acontecia com seu companheiro, que o seguia a curta distância.

De repente o nativo, que havia passado adiante e se apoiava no "cornac", apontou algo.

— Cuidado! — gritou.

E no ato, a menos de cinquenta passos, passaram por cima das plantas dois vultos amarelados estriados de negro, voltando a desaparecer entre o matagal.

Eram dois enormes tigres, que, antes de começar a luta ou de bater em retirada, haviam querido medir a força do inimigo.

— São dois! — exclamou Tremal-Naik. — "O devorador de homens" encontrou um companheiro! Creio que se decidirão por nos enfrentar. Mas, sangue-frio, e só disparem quando tiverem certeza.

— Agora a caçada será mais interessante — replicou Sandokan.

Yáñez olhou para Surama, que estava muito pálida, ainda que conservava uma calma admirável.

— Está com medo? — perguntou.

— A seu lado, não — respondeu a jovem dançarina.

— Não tema — tranquilizou-a o português. — Conhecemos os tigres e somos espertos nesta espécie de caçadas.

Os ladridos de Punthy eram ouvidos cada vez mais debilmente. Parecia como se as duas feras, ao menos por aquele momento, tivessem decido afastar-se ou ocultar-se entre as canas.

— Faça avançar o elefante — gritou Tremal-Naik ao "cornac".

O "comareah", esporeado pelo guia, redobrou o passo, mesmo sem deixar de estremecer e de lançar bramidos de quando em quando, sendo evidente que estava inquieto.

Sandokan e seus companheiros, apoiados sobre as bordas do "houdah" e com as carabinas preparadas, escutavam atentamente, tentando descobrir as feras.

Os ladridos de Punthy ressoaram de repente à direita e a pouca distância do elefante.

— Cuidado, "sahibs" — gritou o nativo. — Os "bags" vão atacar! Estão dando a volta!

Naquele mesmo instante o "comareah" se plantou solidamente sobre suas robustas patas, enrolando rapidamente a tromba, que colocou a salvo entre as longas presas. Então lançou um pouco para trás o corpo, e soltou um forte bramido.

— Parece que nos avisa do perigo — comentou Yáñez.

Rapidamente se abriram as altas ramagens com violência, e um tigre, dando um salto colossal, se lançou sobre o elefante, caindo na sua frente.

O "cornac" se jogou para trás, rapidamente, para livrar-se da poderosa garra da fera.

Sandokan que estava mais perto do pobre guia, rápido como um raio, disparou sobre o tigre, partindo-lhe uma pata com o balaço.

Mas este não caiu, apesar de ferido. Dando uma incrível volta, pôde se esquivar dos tiros de Yáñez e Tremal-Naik. Depois, se recolheu sobre si mesmo, e de um salto enorme passou por cima dos caçadores, sem tocá-los, indo cair atrás do elefante, enquanto lançava um prolongado rugido.

Ao vê-lo cair entre o matagal, os malaios que montavam o outro elefante, descarregaram suas carabinas sobre o "bag", mas já este havia desaparecido entre os bambus.

— Ele nos escapou! — disse o chefe pirata, carregando de novo seu fuzil.

— Não se preocupe, logo o veremos novamente! — respondeu Tremal-Naik. — Estou certo que irá nos atacar novamente.

— Essa fera é assombrosa! — exclamou Yáñez. — Por um instante achei que caía sobre nossas cabeças. Que salto impressionante!

— Não devemos falhar novamente — disse o bengali.

E então...

— Cuidado "sahib"! — gritou o nativo. — O tigre está voltando! O "comareah" o pressente!

De fato, o elefante bufava e tremia, dando novo sinal de inquietação.

De repente girou sobre si mesmo com grande rapidez, voltando a plantar-se solidamente, com a cabeça baixa e a tromba enrolada entre as presas, como se pressentisse a iminência do perigo.

O tigre apareceu de repente, menos de cinco segundos depois.

Deslizava por entre os bambus com a maior cautela, tentando se aproximar sem ser visto. Pretendia cair sobre os caçadores de improviso e atacá-los a golpes de garra.

— Vocês o estão vendo? — perguntou Tremal-Naik.

— Sim! — respondeu Sandokan.

— Está sob minha mira — respondeu Yáñez. — Creio que não falharei desta vez!

No "houdah" do segundo elefante ressoaram naquele momento vários disparos. Os malaios haviam aberto fogo, mas em outra direção.

— É o outro tigre, que está atacando o "merghee"! — comentou Tremal-Naik. — Mas vamos deixar que eles se arranjem como possam. Nós não podemos perder de vista a este que logo nos atacará.

— Ali está ele! — gritou então o nativo.

Em um espaço quase limpo de folhas acabava de aparecer o tigre. Por um momento se deteve, açoitando as costas com a cauda. Logo deu um rápido salto e voltou a deixar-se ver, desta vez a poucos passos do elefante.

O "cornac" gritou ao paquiderme:

— Vamos atacá-lo!

O "comareah" avançou decidido com a cabeça baixa e as presas preparadas para cravá-las no corpo da fera, mas esta, dando outro salto de lado, se esquivou do perigo e tentou repetir o ataque anterior.

E lançando um som gutural e estridente, foi cair na frente do paquiderme.

Desta vez, no entanto, resvalou em seguida na terra, impossibilitado pela ferida que Sandokan havia feito.

Rapidamente, o "comareah" colocou uma pata sobre sua cauda, e depois de afundar-lhe no peito uma das presas, o levantou no ar.

Enquanto o tigre lançava terríveis uivos e se agitava desesperadamente, queria lacerar a cabeça do paquiderme.

Sandokan e Yáñez miraram a fera com suas carabinas, mesmo sendo isso muito problemático, por causa das violentas sacudidas que experimentava o "houdah".

— Baixem as armas e não disparem! — disse o "cornac".
— Deixem que o "comareah" se entenda com ele!

Então observaram assombrados como o elefante desenrolava a formidável tromba e voltava a enrolá-la sobre o corpo do tigre, apertando-o pelas patas e impossibilitando-o de fazer uso das temíveis garras. Em seguida o soltou no ar, fazendo-o voltar um momento, e em seguida o lançou com tal violência contra o chão, que o deixou imóvel, quase morto.

Mas antes que o tigre tivesse tempo de voltar a si, o "comareah" colocou uma de suas monstruosas patas sobre seu corpo. Um ruído de ossos quebrados foi escutado. O elefante anunciou sua vitória com um estrondoso bufado.

— Meu Deus! — gritou assombrado Sandokan.

— Vamos ver o tigre! — disse Yáñez.

— Que ninguém se mova! — ordenou Tremal-Naik. — Aí vem o outro tigre! Cuidado!

De fato, o segundo tigre, que habilmente havia conseguido escapar dos tiros dos malaios, avançava dando saltos através dos bambus com espantosa agilidade.

A julgar por sua corpulência, devia ser um macho e corria em socorro de sua companheira. Mas, para a sorte dos caçadores, chegava tarde, já que o "comareah" havia vencido a fêmea.

Quando o tigre viu o elefante ocupado em pisotear sua companheira, uivou de forma terrível, e como que enlouquecido saltou sobre ele, atacando-o no flanco direito.

— Fogo! — gritou Tremal-Naik. — Não o deixem escapar!

Quase ao mesmo tempo se escutaram três tiros, seguidos de um quarto disparo feito por Surama, a formosa dançarina.

O "bag" caiu, enchendo de sangue o manto que adornava o elefante.

Depois o viram desaparecer entre o matagal.

O chefe pirata e Tremal-Naik, carregaram a toda pressa as carabinas e abriram fogo de novo, esburacando a magnífica pele do tigre, que lançou um angustiado rugido. Então, levantou-se penosamente e, grunhindo como um mastim, retrocedeu mostrando os dentes, mas caindo poucos passos à frente.

— Anda, Yáñez — disse Tremal-Naik, — acabe o serviço!

A fera estava a uns trinta passos, e enquanto o "cornac" mantinha quieto o "comareah", o português mirou um momento e disparou.

O tigre se levantou um instante, mas em seguida rodou como que ferido por um raio. A bala havia atravessado seu coração.

— Foi o disparo de um grande caçador! — disse Tremal-Naik, e voltando-se em direção ao "Cornac" ordenou: — Lance a escada, pois vamos recolher essa estupenda pele!

Carregaram as carabinas por precaução, e desceram, dirigindo-se receosos em direção ao animal.

Sob as pesadas patas do "comareah", o primeiro tigre ficou reduzido a uma massa de carne e de ossos triturados. A pele, partida em vários lugares, ficara imprestável.

O segundo tinha três buracos de bala. Além da ferida que havia causado sua morte, havia recebido um tiro no flanco direito e outro no dorso.

Sem dúvida, esta era uma das feras mais bonitas que os caçadores já tinham visto.

— É um verdadeiro tigre real! — disse Tremal-Naik. — É certo que nunca viram nada igual nos bosques de Bornéu!

— Tem razão! — respondeu Sandokan. — Os tigres de Bornéu não são tão bonitos como os das ilhas malaias, e, além disso, além de serem menores, são menos arrogantes, não é mesmo, Yáñez?

— Sim — respondeu o português, que examinava a fera. — No entanto, é preciso dizer que não são menos ferozes e valentes que estes.

— Este é um verdadeiro "senhor tigre", como os chamam nossos poetas — disse Tremal-Naik.

— Surpreende-me tanto respeito! — comentou Sandokan.

— É decorrente do temor — disse o bengali.

O Tigre da Malásia lançou um rápido olhar ao redor e acrescentou:

— Creio que podemos acampar aqui. Por hoje podemos nos dar por satisfeitos do êxito de nossa caçada. Depois, à medida que avancemos para os Sunderbunds, faremos que nos preceda a notícia de que somos caçadores, a fim de não alarmarmos aos *thugs*.

— Será fácil, porque amanhã todos os habitantes desta comarca saberão que viemos matar tigres, e que começamos bem — disse Tremal-Naik.

— Como?

— O nativo que veio conosco contará maravilhas desta caçada.

— Melhor então que volte já para a sua aldeia — replicou Sandokan.

— Sim. Agora ele não é necessário, e é preferível que não haja testemunhas. Não nos esqueçamos que os *thugs* têm espiões em todas as partes.

Em poucos minutos os malaios levantaram duas grandes tendas de lona branca e descarregaram as caixas de víveres.

Os "cornacs", por sua parte, se ocuparam de preparar a comida dos elefantes, composta de ramagens e de manteiga, misturada com outra quantidade igual de açúcar.

Depois de colocar dois sentinelas em posições estratégicas, os caçadores comeram e foram descansar.

O sol entretanto lançava raios de fogo sobre aquele oceano de vegetais, absorvendo rapidamente a água dos charcos e estanques que haviam se formado durante a noite, fenômeno que se vinha repetindo cada dia.

159

XV
Nos Sunderbunds

Ao entardecer os elefantes reiniciaram a marcha, dirigindo-se ao sul para os Sunderbunds, para chegar aos terrenos desabitados.

Ainda que esparsamente, as terras que agora atravessavam eram povoadas ainda de aldeias de nativos.

De fato, de quando em quando, por cima dos canaviais e do matagal, se podiam ver grupos de casas de barro, defendidas por cercas elevadas. Em volta viam-se pedaços de terra cultivadas para o arroz e algumas bananeiras, coqueiros e mangueiras, árvores que produzem excelentes frutos, que os indianos apreciam muito.

Mas, passando aqueles povoados, a selva dominava o cenário, assim como os estanques, que transbordavam de vegetais em decomposição e de plantas palúdicas.

Havia verdadeiras nuvens de pássaros, que levantavam voo quando viam os elefantes aparecerem nas margens.

Também se viam milhares de cegonhas negras, de patos com plumas de cor púrpura e reflexos de azul índigo, assim como de íbis, que na Índia são escuros, ao invés de brancos, como no Egito.

Lindos animais selvagens fugiam por entre a selva, tão agilmente que poucos eram alcançados pelos disparos dos caçadores.

Ao ver fugir todos aqueles animais, Sandokan exclamava entusiasmado:

— Que pena termos que nos preocupar com os *thugs*! Isto aqui é o verdadeiro paraíso dos caçadores!

— Talvez eu vá caçar esta noite — disse Yáñez por sua vez.
— Dizem que é muito emocionante. É verdade, Tremal-Naik?

— E também muito perigoso — respondeu o bengali.

— Darma virá conosco, e a lançaremos sobre os cervos. Ela está acostumada a caçar, não?

— Sim, não poderia estar melhor treinada para isso, caro Sandokan.

— Essas pequenas panteras podem ser adestradas para a caça? — perguntou o chefe pirata.

— Certamente, e são caçadoras muito hábeis! — respondeu Tremal-Naik. — No entanto, Darma faz muito mais, pois não vacila em atacar aos búfalos.

— Mas, onde ela está? — perguntou Yáñez. — Sempre que montamos nos elefantes desaparece ou se distancia de nós.

— Não se preocupe — respondeu o bengali, — ela está nos seguindo, e se não tiver ido caçar por sua conta, reaparecerá à hora de jantar.

Momentos depois chegaram à orla de um riacho que teria cerca de dez metros de comprimento. Suas águas eram amareladas e lamacentas, e corriam por entre duas margens cheias de plantas palúdicas, nas quais se seguravam imóveis muitos marabus, glutões devoradores de carniças e cadáveres.

— Cuidado, "cornac"! — disse Tremal-Naik. — Esse rio deve estar tomado de crocodilos!

— Bah! Meu "comareah" não os teme — respondeu o condutor.

Os dois elefantes haviam parado na margem, e tateando com grande prudência o terreno, cheirando cuidadosamente a água antes de entrar nela. Ao que parecia não estavam muito seguros da tranquilidade do rio.

— Os elefantes pressentem algo — disse Tremal-Naik.

Finalmente, o "comareah" se decidiu a entrar na água, afundando-se até os costados. Mas, havia percorrido apenas três ou quatro metros, quando se deteve de repente, imprimindo tão brusca sacudida ao "houdah", que por pouco lançava todos ao rio.

— O que está acontecendo? — perguntou Sandokan empunhando o fuzil.

Sua resposta foi um bramido formidável do "comareah", que submergiu rapidamente a tromba e retrocedeu em seguida:

— Ele foi pego! — gritou o "cornac".

— O que ele pegou? — perguntaram ao mesmo tempo Yáñez e Sandokan.

— Um animal, que acaba de mordê-lo!

Quando o elefante levantou a tromba, viram assombrados que aferrava um monstruoso réptil, muito parecido a um crocodilo, provido de formidáveis mandíbulas cheias de dentes agudos e amarelados.

O monstro, arrancado de seu elemento, se debatia furioso procurando ferir o elefante com seu robusto rabo, que, assim como seu dorso, estava coberto de laminas ósseas. Mas o paquiderme conseguia evitar os terríveis golpes.

Segurava o animal no alto e parecia experimentar um malicioso prazer em estalar seu corpo.

— Acabará por afogá-lo! — disse o português.

— Não creio! Estes elefantes são valentes e inteligentíssimos, mas também muito vingativos. Você verá como ele fará o crocodilo pagar pela mordida.

— Vamos ver que morte reserva a esse animal! — disse Sandokan.

— Não queria estar no lugar deste crocodilo — respondeu Tremal-Naik.

O elefante, mantendo o crocodilo sempre no alto, para evitar seus golpes, saiu do rio rapidamente, e foi em direção a um grande tamarindo que crescia isolado em meio dos bambus.

Depois de olhar por instantes o arvoredo, e encontrar o que lhe convinha, colocou o réptil entre duas bifurcações dos galhos, metendo-o à força naquela forquilha mortal, de modo que não pudesse se mover nem muito menos escapar.

Em seguida o "comareah" soltou um potente e comprido barrido, que devia ser de contentamento, e voltou tranquilamente ao rio, bufando e mexendo comicamente a tromba, enquanto uma maligna alegria brilhava em seus olhos negros.

— A que horrível suplício condenou o crocodilo! — disse Tremal-Naik a seus companheiros.

— Aí está um elefante vingativo! — respondeu Yáñez rindo. — O deixará morrer lentamente de sede e de fome na copa da árvore. E além disso, o sol o torrará.

— Os elefantes aplicam este suplício aos crocodilos quando conseguem pegar algum que lhes molesta.

— Nunca pude imaginar que estes animais, que parecem tão pacíficos, fossem capazes de tanta maldade

— Na realidade são sensíveis tanto às amabilidades que se tem com eles como aos maus tratos — disse Tremal-Naik.

— Vou contar-lhes um caso.

"Um "cornac" costumava quebrar os cocos na cabeça de seu próprio elefante. Isto não devia agradar muito ao animal, apesar de não incomodá-lo em demasia. Uma vez, passando por debaixo de uns coqueiros, o "cornac" pegou alguns para quebrá-los, como de costume, na cabeça do paquiderme. Este deixou passar o primeiro e o segundo golpe, mas em seguida, pegou um coco e o quebro...

— Na cabeça do "cornac"? — perguntou rindo Sandokan.

— Exatamente — respondeu Tremal-Naik. — Imagine em que estado ficou a cabeça daquele pobre diabo. Triturada ao primeiro golpe!

"Conheci outro elefante — prosseguiu o bengali, — que uma vez deu uma lição tremenda a um alfaiate de Calcutá.

"Sempre que seu condutor o levava ao rio para saciar a sede, o elefante enfiava a tromba pelas janelas das casas, cujos habitantes costumavam obsequiá-lo com alguma fruta ou algum doce.

"Havia um alfaiate, no entanto, que cada vez que via aparecer a tromba se divertia em picá-lo com alguma agulha.

"O elefante tolerou a brincadeira durante algum tempo, até que um dia perdeu a paciência. No rio absorveu a maior quantidade de água e de lama que pôde, e ao passar diante da casa do alfaiate descarregou pela janela todo o líquido, pegando o indiano de costas e estragando por completo todos os tecidos e roupas que tinha em casa."

— Que elefante mais esperto! — disse rindo Yáñez.

Naquele momento o "cornac" disse a Tremal-Naik:

— "Sahib", se querem acampar aqui, teremos sombra e bom pasto para os elefantes.

— Este local me agrada — respondeu o bengali.

Em um instante desceram dos elefantes levando consigo as armas, e se instalaram sob as árvores. A um lado tinham o rio, do outro, a selva,

Os elefantes começaram a comer as folhas das árvores próximas, fazendo cair ao chão uma verdadeira chuva por meio de fortes sacudidelas.

Yáñez, ao passar por baixo de uma daquelas árvores, ficou completamente ensopado.

— Demônios! — exclamou. — O que estas árvores têm em seus galhos?

— São "nim", árvores da chuva — respondeu Tremal-Naik. — Não as conhecia?

Estes singulares vegetais são preciosíssimos, especialmente nas regiões que sofrem com a seca. Estão bastante disseminadas por toda a Índia, têm a faculdade de absorver a umidade da atmosfera de modo tão poderoso, que cada folha contém um copo de água no cartucho que formam.

— E a água é boa? — perguntou Yáñez.

— Não, tem um sabor desagradável. Os nativos se servem dela para regar seus campos, pois um árvore produz um par de barris grandes.

Foram interrompidos por um rugido e um ladrido de Darma e Punthy, que haviam atravessado o rio atrás dos elefantes, e se lançavam por entre os grupos de árvores, dando sinais de grande inquietação.

— O que aconteceu com seus animais? — perguntou Sandokan.

— Não sei — respondeu Tremal-Naik. — Talvez tenham se assustado com alguma serpente, já que elas são muito frequentes nestas regiões.

— E se for algum homem? — perguntou Yáñez.

— Não creio. Já estamos muito longe das últimas aldeias, e nenhum nativo se atreveria a vir até aqui, pois temem os tigres.

— Seja o que for, vamos deixar que eles façam a busca! Quanto a nós, vamos jantar — disse Yáñez. — Logo iremos fazer nossa caçada noturna.

ೋಲಾಜ಼ಾಲ

Depois de comerem, recomendaram aos malaios e aos "cornacs" que vigiassem atentamente, e seguidos de Darma se dirigiram para o bosque próximo com uma pá.

A fim de que Punthy não lhes espantasse a caça com seus latidos, o deixaram no acampamento. Colocaram-se em marcha, e logo observaram que o tigre dava claros sinais de inquietação.

Rosnava de um modo surdo e se detinha farejando o ar, enquanto fustigava nervosamente as costas com a cauda e endireitava as orelhas como tentando ouvir algum rumor distante.

— Mas, que demônios tem Darma esta noite? — perguntou Yáñez.

— Não sei, não consigo entender — respondeu Tremal-Naik.

— Nós, no entanto, não vimos ninguém, nem escutamos nada — replicou Sandokan.

— Apesar de tudo, estou começando a ficar preocupado — disse o bengali.

— Por que? A quem devemos temer? Nós somos três e estamos bem armados. Além disso, a menos de dois quilômetros daqui estão nossos malaios, e se isso fosse pouco, temos ainda Darma.

— Tem razão. Sandokan, mas... — disse Tremal-Naik.

— Suspeita que algum *thug* ande por perto? — o interrompeu o chefe pirata.

— Não. Estamos muito longe do Mangal, e não creio que a estas horas já saibam que há estranhos na selva.

— Ora! Deixe de preocupações — disse Yáñez. — Aqui ninguém virá nos molestar.

Mais tranquilos penetraram por entre o bosque, onde as sombras do anoitecer já começavam a estender-se, e buscaram um terreno descoberto aonde se instalar.

Em um descampado bem grande, abriram um buraco de um metro de profundidade e três de comprimento. Logo o taparam com várias camadas de bambu dispostas de maneira que os deixasse sair do esconderijo sem necessidade de afastá-los.

Uma vez tudo pronto se meteram todos dentro, junto com Darma.

— Temos de ter paciência — disse Tremal-Naik, — porque os animais podem demorar a vir, mas tenho certeza de que passarão por aqui.

O bosque começou a ficar silencioso. Os três caçadores, estendidos no fundo do buraco sobre uma boa capa, a fim de evitar a umidade, escutavam com atenção os mais leves rumores, enquanto fumavam em silêncio.

Até Darma, acocorado perto deles, seguia tranquilo com seu constante ronroneio.

167

Passaram assim várias horas. De repente o tigre se levantou, esticou as orelhas e olhou atentamente para os limites do bosque.

— Escutou algum animal se aproximar! — disse Tremal-Naik.

E levantando-se sem fazer o menor ruído empunhou a carabina, seguido por Yáñez e Sandokan.

Não se via nada no exterior, mas se escutava como um suave estalar de galhos na parte mais espessa do bosque, como se alguém procurasse abrir passagem por entre o matagal.

— Que animal será? — perguntou inquieto Sandokan.

— Deve ser grande — respondeu o bengali. — Um "nilgó" ou um "axis" não fariam tanto ruído.

Não tinha terminado de dizer isto, quando apareceu uma grande sombra.

— É um búfalo enorme! — exclamou Tremal-Naik.

De fato, era um búfalo colossal, quase tão grande quanto um bisão americano, com a cabeça mais larga e curta que os búfalos comuns, e com dois longos chifres virados para trás e muito pegados às respectivas bases.

Tratava-se de um animal muito forte e de certo modo perigoso, capaz de enfrentar até mesmo um tigre.

Talvez por ter farejado a presença dos caçadores o búfalo se deteve emitindo um breve mugido.

— Que belo exemplar! — murmurou Yáñez.

— Tem razão — disse Tremal-Naik. — Mas não o derrubaremos com um par de tiros. Estes animais são terríveis e não temem aos caçadores.

— Então...?

— Não se preocupe, Darma tem boas garras e acabará com ele.

O tigre já o havia visto, e depois de apoiar as patas dianteiras na borda do fosso, se voltou para olhar a seu amo.

— Sim, anda, valente! — disse Tremal-Naik acariciando-o e mostrando-lhe o enorme búfalo.

A tão astuta quanto inteligente fera deslizou silenciosamente por entre os canaviais, e foi deslizando, não em direção ao búfalo; mas em direção a um matagal, no qual desapareceu.

— Por que não o ataca de frente? — perguntou Yáñez.

— Porque Darma não é tolo — respondeu o bengali. — Como sabe o perigo que representa os chifres dos búfalos, cairá traiçoeiramente sobre ele de um salto, como é costume entre os de sua espécie.

— E nós o ajudaremos se for preciso — acrescentou Sandokan, montando com cuidado o fuzil.

De repente o búfalo, que seguia farejando o ar, deu uma resfolegada e girou sobre si mesmo, olhando para o matagal que acabava de cruzar, e baixando a cabeça, mostrou os chifres.

Estava inquieto e de quando em quando lançava surdos mugidos. Parou um instante, escutando tudo.

Súbito, Darma deu um enorme salto e foi cair sobre o pobre animal. O tigre havia feito seu ataque característico, e cravava ferozmente as afiadas garras nas palpitantes carnes do búfalo.

Apesar de seu vigor, este não pôde desembaraçar-se de seu adversário por mais corcoveadas que desse, e terminou por cair ao chão lançando um comprido mugido de dor, aonde ficou imóvel.

Sandokan e seus companheiros saíram em seguida do fosso e correram para o búfalo.

Mas ficaram surpreendidos quando escutaram um tiro a curta distância e uma voz que gritava em inglês:

— Socorro, que estão me estrangulando!

— Acho que são os *thugs*! — gritou Sandokan. — Vamos a eles!

169

XVI
Os *Thugs*

O Tigre da Malásia, seguido de perto por Yáñez e Tremal-Naik, correu com a velocidade do raio para onde haviam ouvido o pedido de socorro.

Uma suspeita cruzou a mente dos três homens, os estranguladores de Raimanmal haviam surpreendido a um de seus homens e o estavam matando.

Como o chefe pirata corria e saltava como um tigre, não tardou em atravessar o bosque, deixando seus companheiros a uma distância de uns cem metros.

Ao se aproximar da margem do rio viu cinco homens meio desnudos que com uma corda arrastavam por cima do mato um vulto que se debatia, e que Sandokan não pôde distinguir logo por causa do mato.

O mais provável, no entanto, é que aquele vulto fosse a pessoa que havia gritado pedindo auxílio.

Sem hesitar um instante, o valente chefe pirata deu um último salto e caiu entre aqueles homens, gritando ameaçador:

— Quietos, bandidos, se não querem que os mate como a cães raivosos!

Aqueles cinco indianos, ao verem lançar-se de improviso sobre eles aquele desconhecido, deixaram precipitadamente a corda e tiraram das faixas longas e curvas facas, semelhantes a punhais de lâmina afilada.

Mediante um rápido movimento e sem dar um pio, colocaram-se em semicírculo, cercando Sandokan.

Um dos homens desenrolou com a velocidade de um raio uma espécie de lenço negro que mediria mais de um metro de comprimento. Em uma de suas pontas, o lenço, parecia ter uma pedra pequena ou uma bola.

Sandokan, ao ver que o lenço volteava no ar, fez um rápido movimento apontando e fazendo fogo com a carabina, ao mesmo tempo em que gritava:

— Ajude-me, Yáñez!

O *thug*, ferido em pleno peito, não soltou uma queixa. Seus outros quatro companheiros, sem se assustarem com aquele ato de audácia, iam atirar-se sobre Sandokan, quando um espantoso rugido os deteve imediatamente.

Tratava-se do tigre, que acudia em ajuda do amigo de seu amo, dando saltos gigantescos.

A voz de Tremal-Naik foi ouvida no matagal:

— Ataque, Darma!

Sem hesitar um só instante os quatros *thugs* se precipitaram no canal ao verem se aproximar a terrível fera. Em poucos segundos tinham desaparecido de vista.

Darma se dirigiu rapidamente para a margem, mas não pôde capturar nenhum daqueles miseráveis.

— Não se preocupe, haverá outra oportunidade, meu valente Darma! — disse Sandokan. — Esses safados já estão na outra margem.

Yáñez e Tremal-Naik chegavam naquele momento.

— Conseguiram escapar? — perguntaram os dois à uma só vez.

— Sim, a aparição de Darma foi suficiente para que fugissem, sem tentar vingar seu companheiro.

— Eram *thugs*? — perguntou Tremal-Naik.

— Suponho que sim, porque um deles tentou laçar o meu pescoço com um lenço de seda.

171

— Você o matou?

— Sim. Seu corpo está entre as ramagens.

— Vamos dar uma olhada, porque me interessa saber se eram *thugs* ou bandidos.

Rapidamente se afastaram da margem e se aproximaram do cadáver.

Quando descobriram o peito do morto, Tremal-Naik não pôde conter uma exclamação.

— Não me enganei! A serpente com a cabeça de Kali!

— Excelente pontaria, Sandokan! — exclamou Yáñez.

E de repente, como se recordasse de algo, Sandokan exclamou:

— E o homem que gritava? Esses malditos arrastavam um vulto pelo mato!

Lançaram uma olhar ao seu redor e a poucos passos de onde se encontravam, viram um homem vestido de branco, que os encarava com os olhos dilatados de terror.

Era um jovem de feições bonitas e regulares, de uns vinte e cinco anos, com espessa cabeleira e um pequeno bigode da mesma cor que se destacava sobre uma pele ligeiramente bronzeada.

O jovem, temendo que aqueles homens também fossem inimigos, os olhava com estupor, sem atrever-se a perguntar-lhes nada.

O Tigre da Malásia se aproximou dele:

— Acalme-se, senhor. Somos amigos e não lhe faremos nenhum mal. Estamos dispostos a protegê-lo desses bandidos que tentaram matá-lo.

Lentamente o desconhecido foi se animando. Depois de dar alguns passos, disse em inglês, com pronúncia estrangeira:

— Não sabia o que lhes dizer, já que não sabia se eram meus salvadores, ou novos inimigos.

— Quem é o senhor?

— Um oficial do quinto regimento da cavalaria de Bengala.

— Não pensei que o senhor fosse inglês.
— Tem razão. Estou a serviço da Inglaterra, mas sou francês de nascimento.
— O que o senhor estava fazendo sozinho na selva? — perguntou Yáñez.
— O senhor é europeu? — perguntou o oficial com curiosidade.
— Português, senhor. Está sozinho?
— Não, não estou. Tenho dois homens, ou pelo menos os tinha até há umas poucas horas — respondeu o jovem depois de haver se inclinado ligeiramente.
— Teme por suas vidas? — perguntou Sandokan.
— Sim, esses miseráveis não devem tê-los poupado.
— Seus companheiros são nativos?
— Não, são dois sipaios.
— O tiro que nos fez vir correndo, quem o disparou?
— Eu, senhor.
— Como se chama, senhor?
— Remy de Lussac — disse o jovem. — Me vi obrigado a disparar contra aqueles miseráveis porque me descobriram enquanto vigiava um "axis".
— E conseguiu matá-lo?
— Infelizmente não, apesar de me considerar um bom tirador.
— Então, quer dizer que vieram aqui para caçar?
— Sim, capitão — respondeu De Lussac. — Há duas semanas que percorro as selvas, porque tenho uma licença para três meses.

De repente deu um salto para trás, gritando:
— Dispare, capitão!
Era Darma, que havia deixado a margem e se aproximava de seu amo.

173

— Não se assuste, tenente, este é um amigo nosso! — disse Tremal-Naik. — Graças a ele os estranguladores fugiram.

— Que prodigioso animal!

— Tem razão. Obedece como um cão.

— Onde se encontra seu acampamento, senhor De Lussac? — perguntou Sandokan.

— Na margem do canal, aproximadamente, a um quilômetro daqui.

— Deseja que o acompanhemos? Nossa caçada terminou por hoje.

— São também caçadores? — perguntou o jovem.

— Por agora, nos consideramos como tais. Agora, vamos ver se seus companheiros ainda estão vivos.

O francês buscou uns instantes entre o mato, até que encontrou sua carabina, uma bela arma inglesa de dois canos.

— Sim, vamos o quanto antes — disse De Lussac.

O Tigre da Malásia fez um sinal a Tremal-Naik para que se colocasse ao lado do oficial.

— Yáñez e eu iremos na retaguarda com Darma — disse. — Vocês irão um pouco separados da margem, porque os *thugs*, além dos laços, podem ter carabinas.

Ao que parece, no entanto os estranguladores haviam se afastado, porque Darma não dava mostra alguma de agitação.

— O que acha de tudo isto? — perguntou Sandokan a Yáñez. — Acredita que devemos propor a esse oficial que se una a nós?

— Sim, e ele aceitará — respondeu o português, — porque lutamos contra homens que o Governo de Bengala desejaria eliminar de uma vez.

— Então, podemos informá-lo de nossos projetos!

— Eu creio que sim.

— Pois se decidirmos a fazê-lo, você fica encarregado de colocá-lo a par de nossos planos. Ainda que tenha uma suspeita, meu amigo.

— Qual, Sandokan?

— Que esses *thugs* vieram nos seguindo, em lugar de vigiar a este oficial francês.

— Tenho a mesma suspeita — replicou Yáñez. — Mas, por sorte, somos muitos e não tardaremos em encontrar ao *Mariana* no canal de Raimatla, aonde já deve estar ancorado.

Naquele momento escutaram um grito do oficial, senhor De Lussac:

— Vejo que não ardem as fogueiras que recomendei a meus sipaios que mantivessem sempre acesas — dizia com acento nervoso.

— Isto é mau sinal! — murmurou Sandokan, franzindo o sobrecenho.

Por um instante permaneceu imóvel com o olhar fixo ao longe. Então disse com resolução:

— Adiante todos! Darma irá na frente, para nos proteger!

Tremal-Naik fez um sinal e o tigre se colocou em marcha. Havia dado alguns passos, quando se deteve receoso, olhando a seu amo.

— Em guarda! — disse o bengali. — Darma farejou algo!

Seguiram avançando cautelosamente, com o dedo nos gatilhos das carabinas, até chegarem a cem passos de uma grande árvore, sob a qual se divisavam duas pequenas tendas de campanha.

— Remkar! — gritou o senhor De Lussac.

Ninguém respondeu a este chamado. Viram então saltar através das ramagens várias sombras, que fugiram lançando grandes uivos.

— São chacais que fogem — disse Tremal-Naik.

Voltou-se então para o senhor De Lussac e acrescentou:

— Seus homens estão mortos, e talvez a estas horas meio devorados pelas feras.

— É provável! — disse o oficial francês com voz comovida. — Os seguidores da sangrenta Kali os assassinaram!

Correram todos para ali, e não tardaram a comprovar o que supunham. Todos os homens estavam mortos.

— Pobres! — disse De Lussac. — E não poder vingá-los!

— Talvez possa fazê-lo, senhor — respondeu Sandokan. — Nós lhe proporcionaremos os meios para que possa fazê-lo.

O oficial francês olhou com estupor ao chefe pirata.

— Falaremos disso depois — acrescentou Sandokan. — Por agora, tratemos de enterrar os restos destes desgraçados, e logo o senhor saberá quem somos e por que razão estamos aqui na Índia.

Os *thugs* haviam saqueado as tendas, depois ter matado todos os sipaios.

— São uns assassinos e uns ladrões! — gritou vivamente excitado De Lussac.

Depois de abrirem uma cova, enterraram nela aqueles míseros restos, para livrá-los dos dentes dos chacais. Em cima colocaram pedras. Terminada a fúnebre operação, Sandokan se voltou para o oficial francês.

— Senhor De Lussac — disse. — O que o senhor quer fazer agora? Voltar a Calcutá ou vingar a seus homens? Nós não estamos aqui para caçar tigres e rinocerontes, mas para combater os *thugs*.

O oficial ficou silencioso, olhando com assombro àqueles três homens, desconhecidos para ele.

— Decida-se logo, senhor — continuou o chefe pirata. — Eu e meu amigo Yáñez de Gomera, um nobre português, deixamos nossa ilha, que está no mar da Malásia, para libertar a este desgraçado país da infame seita dos estranguladores e devolvê-lo a este indiano, um dos mais nobres e valentes filhos de Bengala, e que é parente muito chegado do famoso capitão Corishant.

— O exterminador dos *thugs*! — exclamou o francês.

— De fato, senhor De Lussac — disse Tremal-Naik, avançando. — Eu fui casado com sua filha.

— Corishant! — repetiu o oficial. — Já fazem alguns anos que o assassinaram os sectários de Kali nos Sunderbunds!

— Por acaso o senhor o conheceu?

— Sim; era meu capitão.

— Pois nós pretendemos vingá-lo! — disse Sandokan.

— Nesse caso, disponham de mim como quiserem, senhores. Todavia não sei quem são vocês, mas desde este instante contem comigo.

— Quer vir a nosso acampamento, senhor De Lussac? — disse Yáñez. — Ali os *thugs* não o estrangularão, lhe asseguro.

— Estou à suas ordens, senhor Yáñez de Gomera — respondeu o oficial.

Imediatamente os quatro homens formaram, um grupo atrás de Darma e se puseram a caminho para o bosque. Umas duas horas depois chegaram ao acampamento, aonde não havia acontecido nada de particular.

Os malaios e os "cornacs" velavam fumando e conversando perto das fogueiras, enquanto Punthy dormitava tranquilo a seu lado.

Sandokan se aproximou do senhor De Lussac, que contemplava admirado os dois enormes elefantes.

— Se o senhor quiser — disse, — pode compartilhar a tenda com Yáñez. É europeu, como o senhor.

— Obrigado por sua hospitalidade, capitão!

Os malaios reavivaram as fogueiras e repartiram as guardas, enquanto os demais se retiraram para as tendas para dormir, pois era já muito tarde.

Yáñez e De Lussac, em troca, decidiram conversar um pouco enquanto fumavam um cigarro diante da tenda.

O português começou dizendo:

— A história que vou lhe contar, talvez explique a razão pela qual nos encontramos aqui, e também o porque termos declarado guerra aos *thugs*, decididos a vencer ou morrer na empresa.

"Há alguns anos um jovem indiano que se dedicava à caça de tigres e serpentes, conheceu a uma misteriosa jovem branca, de cabelos loiros, que lhe aparecia todos os dias ao entardecer.

"Aquela formosa jovem era, por desgraça, a Virgem dos *thugs* e representava sobre a Terra monstruosa Kali. Então vivia nos subterrâneos de Raimanmal, aonde se ocultavam os sectários para escapar à perseguição do Governo indiano.

"Essa jovem era filha do capitão Corishant, um dos mais valentes oficiais do exército anglo-indiano. Mas o sacerdote dos estranguladores a mandou raptar em Calcutá.

— Eu conheci pessoalmente a Corishant — disse o francês, que escutava atentamente o relato. — Era famoso por seu implacável ódio aos *thugs*.

— O indiano caçador, Tremal-Naik, que devia chegar a ser genro do infortunado Corishant, depois de incríveis aventuras logrou penetrar nos subterrâneos dos estranguladores para raptar a moça, por quem estava loucamente enamorado.

"Mas não realizou o audaz intento, e o desgraçado caiu em mãos dos *thugs*. Incrivelmente, estes lhe perdoaram a vida, e não somente lhe permitiram viver, mas prometeram conceder-lhe a mão da moça se matasse ao capitão Corishant. Como prova, devia oferecer a cabeça do corajoso oficial.

— Miseráveis! — exclamou o francês. — O indiano sabia que o pai de sua noiva era o capitão?

— Não, não o sabia, porque então ele se fazia chamar Macpherson, ao invés de capitão Corishant.

— E o matou?

— Felizmente não — disse Yáñez. — Uma circunstância o fez saber que o pai da Virgem do Pagode era o capitão.

— O que aconteceu então? — perguntou o francês com ansiedade.

— O capitão Corishant recebeu ordem de mandar uma expedição contra os *thugs*, que por aqueles dias havia organizado o Governo de Bengala.

"Depois de invadir os subterrâneos, mataram a maior parte dos que ali estavam, mas o chefe supremo, Suyodhana, conseguiu escapar com muitos sectários.

"Por outra parte, os sipaios do capitão foram surpreendidos nas espessas selvas dos Sunderbunds, perecendo todos em companhia de seu chefe, exceto os dois indianos e a moça, os quais caíram em poder dos estranguladores.

— Lembro-me desse fato perfeitamente. Em Calcutá produziu uma profunda emoção — disse o francês. — Prossiga, senhor Yáñez.

— A pobre moça ficou louca, e seu noivo, drogado por um elixir que lhe deram os sectários de Kali, foi acusado como cúmplice deles, e condenado a deportação perpétua na ilha de Norfolk.

— É verdade isso, senhor Yáñez?

— Rigorosamente verdade. Por casualidade, o barco que o conduzia à Austrália teve que deter-se em Sarawak, onde reinava então James Brooke.

— Não é o exterminador dos piratas?

— Sim, nosso implacável inimigo — respondeu o português.

— Seu inimigo? Por que razão, senhor Yáñez de Gomera?

— Por... — disse sorrindo o português, — questões de supremacia. São coisas que no momento não interessam, e só me desviariam de meu relato.

— Bem, respeito seu silêncio,

— Naquela época — prosseguiu Yáñez, — naufragou um navio nas praias de uma ilha chamada Mompracem. A bordo ia a filha do capitão, Corishant e um fiel criado de seu prometido.

"A jovem estava louca, mas o criado havia conseguido fazê-la fugir, e embarcaram, com o objetivo de se reunir ao noivo. Mas a tempestade jogou o barco contra as costas de Mompracem, e ambos caíram em nossas mãos.

— O que quer dizer caíram? — exclamou o senhor De Lussac, fazendo um gesto de estupor.

179

— Me expressei mal, quis dizer que lhes demos hospitalidade — disse Yáñez sorrindo. — Interessados por aquela dramática história, Sandokan e eu decidimos libertar o pobre indiano, vítima do ódio dos *thugs*.

"Não era fácil a empresa, pois o indiano estava prisioneiro de James Brooke, rajá de Sarawak, o mais poderoso e temido dos sultões de Bornéu.

"Apesar de tudo, com nossos homens e barcos, não só conseguimos libertar o indiano, mas também derrotar Brooke e arrancá-lo para sempre de Bornéu!

— Vocês? Mas, quem são vocês que se atrevem a enfrentar a poderosa Inglaterra?

Yáñez ficou em silêncio, olhando com um sorriso a seu interlocutor. Finalmente prosseguiu:

— Não somos mais que dois homens que amam a aventura, possuidores de muitos barcos e ajudados por homens valentes.

O português voltou a interromper seu relato, deu uma rápida tragada e acrescentou:

— Se me interrompe, nunca acabarei esta história.

— Perdoe-me, senhor Yáñez, e continue por favor.

— Depois de pouco tempo, e graças a cuidados especiais, a filha do capitão Corishant se curou, e dois meses depois os jovens se casaram.

"Mas não devia ter nascido com uma boa estrela a pobre moça, pois dois anos mais tarde morreu ao dar à luz a uma criança que se chama Damna.

Quatro anos transcorreram assim, até que um bom dia a pequena Damna desapareceu, também raptada pelos *thugs*, como havia acontecido com sua mãe.

Assim foi como a filha da Virgem do pagode passou a ocupar o posto de sua mãe entre os sectários da deusa Kali. E agora o senhor quer saber por que estamos aqui? Pois viemos para destruir esta infame seita dos estranguladores, que é a vergonha da Índia, e também recuperar a filha de nosso amigo Tremal-Naik.

"Já sabe qual é nossa missão, senhor De Lussac. Quer unir seus esforços aos nossos?

O oficial francês olhou estupefato para o português.

— Mas, diga-me, quem são vocês, que se atrevem a desafiar o terrível poder dos *thugs*?

— Quem somos? — respondeu Yáñez sorrindo. E depois de fazer uma breve pausa, agregou com voz rouca: — Somos os que fizeram empalidecer o leopardo inglês, os que despojaram de seu poder a James Brooke, o exterminador dos piratas, e os que têm feito tremer a todos os sultões de Bornéu! Nós somos os piratas de Mompracem.

Ao ouvir aquilo, o senhor De Lussac olhou para Yáñez com assombro como não dando crédito ao que ouvia. Passados alguns segundos exclamou:

— Já escutei falar muito de vocês! Sei que são heróis e será para mim uma honra lutar a seu lado!

A presente edição de OS ESTRANGULADORES de Emilio Salgari é o Volume de número 3 da Coleção Emilio Salgari. Impresso na Del Rey Indústria Gráfica & Editora, à Rua Geraldo Antônio de Oliveira, 88 - Contagem - MG, para Villa Rica Editoras, à Rua São Geraldo, 67 - Belo Horizonte - MG. No catálogo geral leva o número 02839/9B. ISBN. 978-85-7344-534-3.